심플하게 산다 2

심플하게 산다

도미니크 로로 지음

임영신 옮김

2 소식의 즐거움

바다출판사

양 줄이는 법

살아 있다면 요리하라

먹는 것도 시가 된다

오늘날 사회는 인생의 즐거움에 지나치게 몰두하게 만든다. 지적 즐거움, 예술적 쾌락, 취미 생활, 온갖 물건으로 넘쳐나는 상점들……. 하지만 우울증과 스트레스, 생활고와 비만증에 시달리는 사람들의 숫자는 오히려 계속 늘고 있다.

왜 우리는 불과 반세기 만에 이런 상황에 놓인 것일까? 이유는 간단하다. 항상 더 많이 소비하려는 광기 때문이다. 소비사회 이전의 사람들은 저마다 뜰에서 나는 채소와 밭에서 나는 농산물, 집에서 기른 가축, 낚시와 사냥으로 잡은 고기 등을 먹으며 살았다. 이들은 그저 따뜻하게 불을 지핀 제집이 있고, 일주일에 하루 쉬는 날이 있으면 그것으로 만족했다.

하지만 지금 사회는 우리를 끊임없이 배를 채워야 하는 소비 기계로 전락시켜 병들게 하고 있다. 온갖 비타민과 수

면제, 다이어트 제품과 체중 감량 요법, 그 밖에 잘못된 생활 습관으로 생긴 질병 등은 도무지 만족을 모른 채 소비만 하는 우리 삶의 단면을 보여 준다. 그런데도 우리는 이러한 소비 중독이 자신을 상업적 투기와 이윤 추구의 희생양으로 만든다는 사실을 잊고서, 아이를 어르듯이 앞으로 더 좋아지리라는 소비의 유혹에 자주 넘어가고 만다. 왜 이렇게 이용당하고만 있을까? 우리의 생활 방식과 소비 패턴이 자신을 불행하게 만드는 줄 알면서도, 왜 계속 고집하고 있을까? 대체 우리의 상식이라는 것은 어찌 되었는가?

우리가 겪는 고통은 대부분 머리, 마음 혹은 뱃속에 무엇을 넣을지 선택할 때 자신만의 기준이 점점 사라지는 데서 비롯된다. 이 사실을 모르는 사람은 없을 것이다. 자연으로 돌아가자고 그토록 소리를 높이지만, 정작 우리 안에 자연이 있다는 사실은 곧잘 잊어버린다. 그 자연은 우리가 점점 더 살이 찌고 뚱뚱해지며 스트레스를 받고 불행해지도록 하지 않았다. 그렇다면 우리는 왜 이렇게 정신, 육체적으로 자신을 어지럽히고 인생이 우리에게 선사한 아름다운 선물을 망가뜨리며 살고 있을까?

다른 것들과 달리 음식에서는 상식선의 규칙들을 찾아내는 일이 그다지 어렵지 않다. 그것은 바로 적게 먹고, 좋은 것을 골라 먹고, 직접 요리해 천천히 그리고 즐겁게 먹는 것이다. 실제보다 그 중요성이 부풀려진 행위들은 무턱대고 따르지 말아야 한다.

먹는 첫 번째 목적은 우리의 의식이 가장 높은 수준에 이를 수 있도록 몸과 마음을 건강하게 유지하는 데 있음을 잊어서는 안 된다. 비타민이나 독소들보다 우리 건강에 더 영향을 미치는 요소는, 마음의 상태와 인생의 즐거움이다. 신선한 공기와 햇빛, 깨끗한 물과 운동이 필요한 만큼이나, 우리에게는 내면의 깊은 감정인 우정, 사랑, 지적 즐거움, 영적 충족감, 미적 즐거움이 필요하다. '파리 뵈르(파리의 유명 레스토랑-옮긴이)'처럼 제아무리 유명한 식당의 음식이라 해도, 연이은 약속들 사이에서 허겁지겁 욱여넣은 식사라면 건강에 독이 될 수 있다. 수선화 꽃밭에 타탄체크 무늬의 자리를 깔고, 천천히 음식 맛을 음미하며 즐길 때에야 비로소 건강에 이로운 음식이 될 것이다.

"자유란 자신의 말과 행동에 책임지려는 의지까지 포함한다"고 니체는 말했다. 이 말은 자신의 약점을 드러내어 극복하고, 자신을 올바르게 인식해 더는 두려움에 굴하지 말아야 한다는 의미다. 물론 이 과정은 각자의 몫이다. 의사도 상담가도 심각한 재정 상태를 해결해 주지 못하고, 바람기 많은 남편을 집으로 돌아오게 못하며, 인생의 참 의미를 깨닫게 하지 못한다. 이런 문제를 해결할 지혜는 오직 자신에게 있다.

그런데도 너무 많은 사람이 무거운 인생의 짐과 허무에 시달린다. 주변에서 일어나는 갖가지 일과 일시적 쾌락의 홍수 속에서 허우적거릴 뿐 아니라, 몸 안에 쌓이는 과도한 지방과 독소로 인해 어려움을 겪으며 살아간다. 자고로 건강이 '좋은' 상태란 과체중이 없는, 균형이 잡혀 있는 상태다. 인생에 골짜기가 없으면 정상이 없고, 정상이 없으면 골짜기도 없다는 사실을 보여 주는 상태이기도 하다! 우리 몸과 마음은 우리가 주인인 동시에 관리인이 되어야 하는 유일한 대상이다. 그러므로 제대로 돌볼 수 있는 사람은 자신뿐이다. 어떤 체질인지, 어떤 음식을 좋아하는지, 취향이나 열망·생각을 가장 잘 아는 이 또한 자신이다.

어떤 음식을 좋아한다는 것은 마치 어떤 음악을 좋아한다는 것과 비슷하다. 어떤 사람은 푸아그라와 모차르트, 햄버거와 밥 말리를 좋아하고, 또 어떤 사람은 단식과 고요한 정적을 더 좋아한다. 이들의 공통점은 각자의 원칙과 이상으로 내면의 자아를 만족시키며 자신만의 방식으로 살아간다는 것이다.

그러므로 먼저 자신이 어떤 사람인지 그것부터 알아내야

한다. 지금 당신이 캄캄한 영화관에 혼자 있다고 상상해 보자. 상영작은 당신 자신에 관한 것이다. 당신은 잠시 후면 커다란 스크린에 비칠 자신의 완벽한 모습을 기대하며, 더없이 즐겁지만 조금은 초조한 마음으로 기다리고 있다. 이제 곧 완벽하고 완전한, 빛나는 건강미까지 갖춘 나의 모습이 3차원으로 눈앞에 펼쳐진다. 움직이고 말하고 울고 웃으며 요리를 하고 먹기도 하는 등 선택한 것에 따라 살아가는 모습이 보일 것이다. 이러한 상상을 하다 보면 이제껏 살아온 삶이 자신에게 잘 맞는 것이었는지, 화면 속의 이상적인 나와 현실의 내 모습이 서로 일치하는지 스스로 깨닫게 된다. 이런 과정을 거쳐, 다른 사람들의 꿈을 좇다가 이제 더는 돌이킬 수 없다고 낙담하는 인생이 아닌, 자신만의 꿈을 만들어 가는 것이다.

우리에게는 몸을 원래 상태로 회복할 능력이 있고, 이로운 음식을 골라 먹을 자유가 있다. "적은 음식으로도 충분하다. 이 몸, 이 삶이 바로 자신이다"라고 당당히 외치자. 건강한 상태라고 느끼면 뇌도 자극을 받아, 바라는 것이 더 잘 이루어진다. 적게 먹고, 좋은 것으로 골라 먹고, 직접 요리해서 즐겁게 먹는 일이야말로 더 나은 삶을 위한 첫 번째 방법이다. 더 자유롭고, 가벼운 인생을 위하여!

"과식은 로마인의 악습이지만,
나는 기꺼이 절식을 선택했다.
배가 고플 때 당장 허기를 면하려고
아무 때나 아무 곳에서나 처음 나온 요리를
허겁지겁 먹어 대는 성급함만 제외한다면,
헤르모제네도 나의 식사법에서 고칠 점을 찾지 못했다."

소식하는 법

공복감과 포만감

몸과 대화하기

즐겁게 먹되 적게 먹는 것. 그것은 누구나 바라는 은밀한 욕구가 아닐까? 모자라거나 넘치지 않고, 복잡하지 않으면서 소박하게 자신이 선택한 요리를 한 입씩 천천히 음미하며 먹는 것은 절대 불가능한 일이 아니다. 단지 스스로 터득해야 하거나 다시 배워야 할 일일 뿐이다. 하지만 우리는 원한다면 언제 어디서든 음식을 먹을 수 있는 시대에 태어난 덕에 절제와 자제와는 거리가 먼 생활을 하고 있다.

먹는 것은 억지로 해야 할 습관이나 조건적 반사 행동이 아니다. 자신의 생명을 지키기 위한 중요한 실천이다. 따라서 자신만의 식생활 기준을 세우는 일이 매우 중요하다. 그렇다고 건강만을 위해 식사량을 제한하거나 체중 감량 식단을 따르라는 뜻은 아니다. 배가 고플 때에만 그 공복감을 다스릴 정도의 양을 먹어서 몸의 균형을 되찾으라는 것이다. 하지만 이렇게 하려면 먼저 위의 크기를 정상으로 돌려놓고 공복감과 포만감을 느끼는 법을 다시 배워야 한다. 그리고 무엇보다 몸이 신호를 보낼 수 있도록 시간을 주어야 한다!

포만감은 일종의 감각이다. 먹고 싶은 욕구를 더는 느끼지 않는 것이다. 다른 의미로는 배가 고프지 않은 상태를 말한다. 그렇다면 우리는 왜 그렇게 자주 과식을 하는 걸까?

공복감과 포만감은 어떤 사람에게는 식욕을 다스리는 자연스러운 감각이다. 물론 공복감은 타고나는 것이지만, 식욕은 훨씬 더 양상이 복잡하다. 과식을 하는 사람들에게는 본래의 기준을 잃어버린 몸이 음식물을 소화하는 과정에서 느껴지는 감각, 즉 식사를 한 뒤 느껴지는 감각들을 다시 기억해 낼 수 있도록 훈련이 필요하다. 실제로 허기져 먹는 게 아니라면, 포만감은 적거나 아예 없다고 할 수 있다. 그런 식사가 즐겁지 않은 것은 두말할 나위도 없다!

허기지지 않을 땐 먹지 마라

"그렇게 날씬한 비결이 뭐예요? 어떤 다이어트를 하세요?" "특별한 건 없어요. 배가 고프면 먹고, 그렇지 않을 때는 먹지 않는 것뿐이에요."

공복감과 포만감이라는 감각에 귀를 기울이려면, 먼저 배고픈 상태와 배부른 상태를 구분하는 법부터 배워야 한다. 이 말은 아침이든 점심이든 식사 시간이 되었더라도, 허기지지 않으면 먹지 말라는 뜻이다. 허기지지 않을 때 먹는 건 언제든 과식이며, 즐거움이 없는 무덤덤한 식사가 되기 십상이다.

다이어트는 잊어버리자. 몇 달간 조금 덜 푸짐한 식사를 하다 보면, 몸이 좀 더 가뿐해진 걸 느낄 것이다. 몸이 본능을 되찾는다. "나는 이것만 먹어야 해. 과자를 먹으면 살이 찔 거야……." 머릿속에서 더는 이런 말이 들리지 않을 것이다. 몸을 무겁게 만들 음식물은 몸이 알아서 거부하고 받아들이려 하지 않는다. 무엇이 너무 먹고 싶어질 때는, 배가 정말 고픈지 아닌지부터 자문해 보자. 만일 배가 고프다면 자신이 무엇을 원하는지 생각해 보자. "달콤한 것? 짭짤한 것? 푸짐한 식사? 가벼운 식사? 아니면 일을 바꿀 필요가 있는가? 아니면 신선한 공기가 필요한가?" 이런 질문에 대답하

다 보면, 어느 순간 무엇이 필요한지 알게 될 것이다. 자신의
몸을 신뢰하라!

적절한 포만감

"공복감과 포만감에 귀를 기울이고 잘 따르는 길만이 아무런 욕구
불만 없이 적정 체중을 유지할 수 있는 유일한 방법이다. 인체는
놀라운 조절 능력을 가지고 있으므로, 그 신호에 잘 반응만 하면
된다." 아리앙 그랭바시

'배불리' 잔뜩 먹은 상태에서 느끼는 포만감과 달리, 적절한
포만감은 정의가 다소 모호하다. 왜냐하면 사람들은 실제로
공복감을 느끼지 않는 상태에서 먹는 경우가 많기 때문이
다. 그 결과 끊임없이 먹게 된다! 반면 동물은 배가 부르면
더는 먹지 않는다. 사실 사람도 세 살까지는 배가 부르면 더
는 먹지 않는다. 하지만 이후부터는 배부른 상태에서도 계
속 먹어 댄다.

생물 중에서 유일하게 그만 먹어야 할 단계를 본능적으
로 알지 못하는 존재가 사람이다. 사람은 위장이 허락하는
만큼 먹고 나서도 여전히 허전해 하며 더 큰 만족감을 얻고

싶어 한다. 안정적으로 음식을 확보하기 어려울지 모른다는 불안감 때문일까? 마음속에서는 작은 목소리가 속삭인다. "먹을 수 있을 때 양껏 먹어 둬. 세상이 어떻게 될 줄 알고. 이 즐거움도 잠시뿐이야! 먹는 즐거움이라도 실컷 누리자고." 미국 사회학자들 설명에 따르면 비만 문제는 식품의 외적인 특징(향기, 빛깔 등)과 관련이 깊으며, 사람들은 필요 이상으로 소비하면서 포만감의 한계치를 늘려 나간다고 한다. 따라서 배고픔 자체보다 욕구가 우세해지는 것이다. 사람들이 주로 먹고 싶어 하는 것은 기름지거나 단 음식들이다. 문제는 배고프지 않을 때 먹으면 포만감도 얻지 못한다는 데 있다. 그렇게 되면 먹는 것을 그만둘 동기가 없어 계속 먹게 된다는 것이다.

생리적 신호들을 되찾으려면, 먼저 진정한 먹는 즐거움을 발견하고 다르게 먹는 법, 특히 천천히 먹는 법을 배우는 수밖에 없다. 사실 씹고 삼키는 데 걸리는 20여 분은 배부르게 먹었다는 신호를 뇌가 몸에 보내는 데 필요한 시간이다. 이 20분 동안 되도록 적게 먹으려면, 한 입을 조금씩 꼭꼭 씹어 먹는 방법이 가장 좋다. 이것이 '단단한' 음식이 좋은 이유다. 한 인도인 의사가 나에게 그동안 씹지도 않고 삼켜 왔던 음식물을 한 입씩 천천히, 한 번 더 씹는 방법부터 시작해 보라고 권했다. 이것만으로도 일 년에 몇 킬로그램은 뺄 수 있다고 했다. 또한 일시적 포만감만 주는 설탕과 지방류는 피하라고 일렀다.

'골고루'가 가장 중요한 원칙

"적절한 식이요법을 따른다면, 우리 몸에 필요한 식사량이 아주 적다는 놀라운 사실을 알게 될 것이다." 간디

몸과 마음의 균형을 유지하려면 영양소를 두루 갖춘 다양한 식품을 골고루 섭취해야 한다. 이 사실에 이의를 다는 의사는 없다. 그렇다면 시중의 식이요법들을 꼼꼼히 따져 보자. "저것을 완전히 제거하려면 이것을 그만큼 먹어야 합니다." 어떤 식이요법은 탄수화물을 금하고, 어떤 것은 지방을, 또 어떤 것은 설탕을 금지한다. 하지만 이 모든 식이요법은 '골고루' 먹어야 한다는 가장 중요한 원칙을 놓치고 있다. 다양하게 골고루 먹다 보면 쉽게 질리지 않고 적게 먹을 수 있다. 또한 몸과 마음의 건강과 적게 먹는 즐거움이 균형을 이룬다.

조금씩 씹다 보면 바뀐다

"영양학의 전통적 이론과는 다르게, 아침에 허기가 느껴지지 않는 사람은 굳이 아침을 먹을 필요가 없다." 아리앙 그랭바시

아침에 허기가 느껴지지 않는다면 굳이 아침을 먹을 필요가 없다는 주장은 논란의 여지가 많다! 허기가 조금이라도 느껴지는 사람은 아침을 반드시 먹어야 한다. 지나치게 허기가 지도록 시간을 끌어서는 안 된다. 그렇게 되면 자칫 식사량을 제어할 수 없는 상태가 될 수도 있기 때문이다. 허기에 대한 최선의 반응은 먹는 것이다. 그러나 적절한 공복감은 적절한 정도로 먹을 수 있게 해 준다. 대개의 경우 요구르트 하나, 비스킷 몇 조각이면 충분하다. 배가 많이 고프다면 조금 더 푸짐하게, (기름기 있는 고기나 치즈, 버터, 생크림 대신에) 기름기 적은 햄 샌드위치, 채소를 곁들인 파스타 혹은 닭다리 한 개 정도를 먹으면 좋다. 진짜 허기져 먹을 때에는 어느 정도 먹었을 때 포만감이 느껴지고 기분이 좋았는지 그 양을 적어 보자. 그리고 양심을 속이지 말고 앞서 말한 것처럼 가볍게 식사하는 것을 잊지 마라. 의식적으로 조금씩 꼭꼭 씹어 먹다 보면, 어느새 식사 습관이 바뀐다.

이것은 새로운 식사 훈련의 시작이라 할 수 있다. 몸이 규

칙적으로 먹는 것에 익숙해지는 것이다. 생체 리듬에 따르면, 식후 1시간 동안 세포에 쌓인 지방을 연소하는 데 걸리는 시간이 약 5시간이다. 만일 두 번의 식사 사이에 약 5시간의 짧은 단식 시간을 가진다면, 우리 몸은 훨씬 더 날씬하거나 날렵한 상태를 유지할 수 있을 것이다. 물론 사과 하나, 설탕커피 한 잔도 이 짧은 단식을 방해하는 것이다. 이 5시간 동안 심하게 허기지지 않게, 앞뒤 식사가 너무 가볍지도 무겁지도 않아야 한다는 점이 가장 까다로운 부분이다.

몇 시간 후에 (심지어 미리 정해 둔 특정 시각에) 식사를 하게 되리라는 사실을 기억하는 것은 장점이 많다. 살이 찌는 것을 막을 수 있고, 끊임없는 음식 생각에서 놓여나게 하며, 진짜 허기졌을 때 (따라서 진정한 만족감으로) 식사를 할 수 있게 한다. 또한 특정 시간에만 먹기로 결정함으로써 생활을 단순하게 할 수 있다. 만일 식사 시간을 지키기 어려운 상황이라면, 도시락을 미리 준비해서 '정상'적인 시간대에 먹도록 노력해 보자. 예를 들면 샌드위치와 샐러드를 싸 가서, 점심은 12~2시, 저녁은 6~8시 사이에 먹는 것이다.

우아함을 잊지 마라

불규칙한 방식 대신 정해진 시간에 식사하는 것이 좋다고 확인된 이상, 조금씩 꼭꼭 씹어 먹는 식사 방법에 대해 죄책감을 가질 필요는 없다. 이러한 죄책감을 떨쳐 낼 방법은 '넘쳐 나는' 죄책감을 그대로 받아들이고 수용하면서, 기왕이면 거기에서 무언가를 얻어 내는 것이다! 이런 까닭에, 조금씩 먹되 예술적 규칙들을 적용해 보는 것이다. 가령 비스킷 봉지를 열 때는 늘 다기도 함께 준비하자. 그저 비스킷을 한두 개 먹을 요량이더라도(하지만 우리는 자신을 잘 알고 있지 않은가!), 예쁜 접시에 담아내자. 이러한 '연출'은 놀라운 효과를 발휘한다. 비스킷 한 봉지를 한순간에 걸신들린 듯 먹어 치웠다는 죄책감에 시달리는 일을 미리 막아 주고, 그 대신 아주 행복한 시간을 보낼 수 있도록 도와줄 것이다.

치즈나 소시지를 먹고 싶을 때도 마찬가지다. 우선 쟁반 하나에 모든 재료를 올려놓자. 빵을 자르고 좋아하는 음료를 준비한 후 의자에 앉아 자연스럽게 자신을 내맡겨 보자. 여유를 가지고 천천히, 천천히 그 시간을 음미하자. 마음을 고요히 가라앉힐 수 있는 유일한 길이다. 하지만 이 말을 마음에 늘 새겨 둬라. "다 먹고 나면 더는 행복하지 않다." 모든 시작은 어렵지만, 쉽다고 생각하는 사람에게는 그 시작이 훨씬 덜 힘든 일이 된다는 사실도 잊지 말자. 만일 나쁜 습관이 제2의 천성이라면, 좋은 습관도 언젠가는 제2의 천성이 될 수 있다!

오래 든든한 단백질

"생선을 먹으면, 절대 배고프지 않다." 일본 아오모리 현의 속담

현대의 영양학 이론보다 훨씬 더 나은 옛 속담이 많다. 어떤 음식은 포만감을 주지만, 어떤 음식은 오히려 더 먹고 싶은 욕구를 불러일으킨다. 설탕이나 지방이 많이 든 음식보다, 고기와 생선·달걀·콩 등의 단백질 음식이 더 오래, 더 큰 포만감을 준다는 사실을 우리는 알고 있다. 프랑스뿐 아니라 다른 수많은 나라에서 왜 그토록 아침마다 달걀, 햄, 생선 등을 먹는지 그 이유를 안다면 그다지 놀랄 일도 아니다.

조금씩 꼭꼭 씹어 먹는 '영리한' 식사를 하고 싶다면, 기름지지 않을 뿐만 아니라 체중 감량에도 도움이 되는 아래의 요리 가운데 하나를 선택해 먹자.

- 기름을 두르지 않고 구운 쇠고기 스테이크

- 완숙 달걀, 반숙 달걀, 스크램블 에그 등과 잼을 조금 바른 토스트

- 콩 요리(콩을 넣은 수프나 샐러드, 소시지와 곁들인 요리 등. 렌즈콩을 비롯한 콩류는 의사들이 흔히 간식으로 추천하는 것으로, 허기를 달래 주고 건강에도 아주 좋다), 지방이 없는 치즈 한 조각(염소젖 치즈 등)

- 차게 식혀서 먹는 익힌 고기 한 조각, 지방이 없는 고기(닭다리 하나, 삶은 소 앞다릿살 한 조각 등)에 겨자 약간 곁들여 먹기

- 조미를 한 뒤 기름종이에 싸서 익히거나 구운 생선

- 직접 요리한 소량의 음식

가장 자연스러운 양

위장 크기 되찾기

"적게 먹으려면 살을 빼야 한다." **일본 명언**

위장 크기는 어느 정도일까? 얼마나 우스꽝스러운 질문인가. 하지만 이 어리석은 질문 앞에서 우리는 머뭇거리며 속으로 생각할 것이다! "그거야 물론 위장이 담을 수 있는 만큼이지!"

식생활에 관한 수많은 선택과 방식 사이에서 우리는 늘 고민한다. 칼로리를 복잡하게 계산하며 너무 먹은 것은 아닌지, 너무 적게 먹은 것은 아닌지 늘 죄책감에 시달리며 살지 않는가!

원래 위장 크기는 자신의 주먹만 하다. 하지만 위장은 탄력성이 있어 경우에 따라 무려 다섯 배나 커질 수 있다. 각자의 식습관에 따라 크기가 조절되기 때문에, 위장이 찼다고 해도 신호가 오지 않는다. 따라서 무엇보다 자신의 원래 위장 크기를 회복하는 일이 중요하다.

그릇장을 열어 주먹만 한 공기를 하나 찾아보자. 자신의 위장 크기가 어느 정도인지 분명히 알 수 있을 것이다. 여성의 위장은 작은 자몽 크기고, 남성은 큰 자몽 정도다. 이제 자신이 소화할 수 있는 식사량을 대략 짐작할 수 있을 것이다.

밥공기보다 적게 먹자

"당신의 몸이 요구하지 않는다면, 쌀 한 톨도 먹지 말라."

에스파냐 카탈루냐 속담

요즘 같은 세상에서 위의 속담처럼 절제하는 일이 가능할까?

일본에서는 여성이 쓰는 밥공기, 찻잔이 남성의 것보다 조금 더 작다. 같은 이유로 여성들 음식은 남성들보다 더 적게 담아내는 식당들도 있다. 원래의 위장 크기를 회복하려면 자신의 '밥공기' 용량보다 덜 먹는 습관부터 들여야 한다.

그러려면 어렵더라도 2, 3일은 '정해진' 양으로 식사량을 제한해야 한다. 위장이 많이 늘어난 경우가 아니라면, 그 이상의 시간이 걸리지는 않는다.

《프랑스 여자는 살찌지 않는다》의 저자 미레유 길리아노가 제안한 방법도 써 보자. 어느 주말에 시간을 내어 다음의 식단을 따라 해 보는 것이다.

- 소금으로 약간 간을 한 물 1.5리터에, 파 1킬로그램을 넣고 약한 불에서 25분간 익힌다.
- 2, 3시간마다 이 끓인 국물을 마신다. 토요일 점심과 저녁, 일요일 점심 식사 때에는 올리브 오일, 레몬 즙 약간과, 원할 경우 삶은 파에 소금, 후추, 다진 파슬리를 넣어 먹는다.
- 일요일 저녁에는 몇 가지 삶은 채소와, 버터나 기름을 약간 둘러 맛을 낸 고기나 생선 125그램을 함께 먹는다.

이렇게 하고 월요일이 되면 식욕이 부쩍 줄어들었음을 느끼게 될 것이다. 윗세대들이 애용했던 이 오래된 방법은 속이 불편하거나 과식을 한 다음에 이용해도 효과가 아주 좋다.

위장을 원래로 돌려놓는 단식

“단식은 별빛 아래 홀로 거니는 산책과 같다. 우리는 홀로 그 첫걸음을 내딛어야 한다.” 도날드 알트만(미국 심리치료사) 《영혼의 양식을 위하여》

늘 10킬로그램을 감량할 꿈을 꾸는가? 단식에 대해서도 벌써 생각해 보았는가? 대부분 종교에서는 단식을 권하고 있다. 먼저 24시간 정도의 짧은 단식을 해 봐라. 그러고 나면 음식을 더 소중하게 여기는 마음이 생길 것이다.

많은 사람이 사흘에서 일주일가량 정기적인 단식을 하거나 ‘원 푸드 다이어트’를 한다. 그러면 몸의 기관들이 휴식을 취한 느낌이라고 한다. 한동안(물론 너무 긴 시간이 아닌 경우에 한해서다) 음식을 먹지 않고 쉬는 것은, 쉴 새 없이 먹는 것만큼 즐거운 일이 될 수 있다. 온갖 종류의 노폐물을 제거하고, 몸과 마음이 자유와 해방감을 맛보게 한다. 이뿐만 아니라 피로한 소화기관을 쉬게 하고, 전체적인 수분 보유량을 낮추어 지방 때문에 관절에 가는 부담도 줄여 준다. 또한 무엇보다 위장을 본래 크기로 되돌리는 결정적인 방법이다. 실제로 일정 기간 단식을 하고 나면 전보다 적게 먹어도 위장이 꽉 찬다.

24시간 동안 단식할 경우 가장 이상적인 시간은 점심부터 다음 날 점심까지다. 저녁과 다음 날 아침을 건너뛰고 점심때까지 아무것도 먹지 않는 것이다. 그러면 그동안 우리가 겪었던 포만 상태를 관찰할 수 있다. 이것이 계기가 되어 단식을 습관화하는 사람도 있다. 아예 굶는 것이 싫다면 하루 동안 신선한 과일만 먹는, 과일 미니단식도 아주 좋은 방법이다.

장거리 비행을 할 기회가 있다면 그 시간을 이용해서 단식하는 것도 좋다. 기내식은 대부분 맛이 없고 하늘에서는 다른 유혹도 없지 않은가. 아마 착륙할 때면 우리 몸은 휴식을 취해 더 집중력이 생기고, 음식에 대한 욕구나 감정에서도 더 자유로워져 있을 것이다. 이렇듯 단식은 자신이 진심으로 원하는 것이 무엇인지 알게 해 준다. 아울러 음식에 대한 자신의 무절제한 태도를 돌아볼 여유도 준다.

이틀의 일탈, 이틀의 만회

자기 절제

> "스승님, 구원의 길을 보여 주십시오!" "누가 너를 괴롭히느냐?
> 내게 말해 보아라." "아무도 없습니다." "그런데 왜 구원을 원하느
> 냐?" 앙리 브뤼넬(프랑스 요가 지도자) 《선 이야기》

자유에는 절제가 뒤따라야 한다. 절제를 통해 더 큰 자유에
이를 수 있다는 역설을 기억하자. 절제를 위해 시간이나 먹
는 양 등의 한계를 정해 놓는 것은 게으르거나 '의지박약'이
거나 변덕스러운 사람들에게 아주 이상적인 방법이다. 일본
에서는 새로운 식이요법이 몸에 배도록 하기 위해 환자들을
입원시키기도 한다. 예를 들어 당뇨환자인 경우 입원 기간
에 매일 요리 강좌를 듣는다. 자신에게 적당한 양을 알아내

식단을 짜게 한다. 건강에 이로운 습관을 몸으로 '기억하게' 하여, 이 기간에 새로운 식이요법에 익숙해지게끔 하는 것이다.

반면 서구에서는 상대적으로 자기 절제 방식이 발전하지 않았다. 무슨 일이든 개인 차원에서 하는 경우가 더 많아 다이어트도 스스로 통제할 수 있다고 생각하기 때문이다. 하지만 어떤 사람이 좋아하는 축구클럽에 들어가고 싶어 엄격한 식단을 따랐더라도, 그것을 학교에서 배우는 학문적 훈련만큼 중요시하지 않을 것은 자명하다. 그뿐 아니라 평생 삶의 모든 영역에서 따라야 하는 생활 태도로도 여기지 않을 것이다.

이처럼 서구에서는 자기 절제란 것이 철 지난 유행처럼 여겨지지만, 아시아(예를 들면 무술 등)에서는 가장 중요한 미덕이다. 그런데 우리가 자주 잊어버리는 사실이 있다. 에피쿠로스주의(쾌락주의-옮긴이) 역시 자기 절제와 같은 원리에 바탕을 두고 있다는 사실이다. 소식이라는 절제는 우리를 또 다른 쾌락에 이르게 하는데, 이는 단순히 (체중 조절을 위한) 다이어트를 하는 것과는 차원이 다르다. 새롭게 날씬해진 모습뿐 아니라 자신에 대한 통제권도 갖게 해 두 배로 행복감을 느끼게 한다.

몸과 마음은 서로 영향을 주고받는다. 더는 외부에 휘둘리지 않고 자신을 내적으로 조절할 수 있게 되면 어떤 상황에 직면하든 자신감을 잃지 않는다. 다른 말로 하면, 자유롭고 자율적이며 자립적인 사람이 되는 것이다. 요컨대 자기 절제를 하는 것은 자신의 결정이 외부에서 비롯된 제약 때문이 아닌 자신에게서 비롯되었음을 느끼게 하기 때문이다.

몸무게 재기

우리가 통과해야 할 첫 관문은 먼저 몸무게를 재는 일이다. 체중 조절을 하려는 이에게 가장 좋은 벗은 체중계다. 어떤 영양학자들은 체중계 따위는 잊어버리고 차라리 줄자나 자신에게 가장 잘 어울리는 청바지를 믿으라고 권한다. 하지만 끊임없이 자신을 관찰하고 자기 방임에 빠지지 않을 수 있는 가장 확실한 방법은 누가 뭐래도 매일 몸무게를 재 보는 것이다. 다만 체중계가 1킬로그램을 더 가리킨다고 해서 충격받을 필요는 없다. 단 하루 만에 체지방이 1킬로그램 늘지는 않으니까. 아마 너무 짠 음식 때문에 수분 보유량이 늘어났거나 배변이 잘 안 이뤄져서일 것이다. 하지만 며칠이 지나도 몸무게가 늘어난 그대로라면 다시 소식을 시작해야 한다. 반대로, 몸무게가 조금이라도 줄었을 경우 기분이 아주 좋아지고 활력이 샘솟는 것을 느낄 수 있다.

웰빙과 인생의 즐거움을 가로막는 것 중 하나가 일탈했을 때 느끼는 실망감이다. 이런 기분에서 놓여날 유일한 처방은 하루, 일주일 혹은 한 달 동안 무절제하게 살았더라도, 용감하게 몸무게를 재는 것이다.

하루하루 몸무게를 기록해 두자. 잘 보이는 곳에 체중계를 두고, 두 쪽에 1년 날짜가 다 보이고 메모할 공간이 있는 달력을 구하자. 이렇게 '명백한' 기록은 동기 부여가 될뿐더러 발전하거나 실패한 때도 볼 수 있어 유용하다. 실패한 날은 다시 정상궤도에 진입할 수 있도록 며칠간 노력을 기울이면 그만이다. 다만 이 며칠간 열심히 하는 것이 매우 중요한데, 특히 정신적으로 그러하다. 매 순간, 매 시간 자신과 '싸움'을 벌여야 하지만, 몸무게가 몇 그램이라도 적게 나오면 용기는 더욱 샘솟을 것이다.

유연하게 하자

"어떤 음식도 죄악시할 필요는 없다. 무엇이든 죄책감 없이 행복하게 즐길 수 있어야 한다." **아리앙 그랭바시**

지나친 통제는 극단주의로 이어진다. 우리가 추구해야 할 것은 조금씩 조금씩 균형을 회복해 가는 것이다. 바람이 불 때는 대나무처럼 유연해야만 실패하지 않는다. '모 아니면 도'라는 식의 극단적인 소식은 몹시 위험하다. 군인의 경직성 대신, 여성의 유연성을 갖춰라. 자기만의 규칙, 자기만의 '황금률'을 자신 있게 세워라. 초콜릿을 좋아한다면, 매일 작은 한 조각 정도는 거리낌 없이 먹어라. 물론 그 이상은 곤란하다. 규칙을 따르는 일도 좋지만, 자신만의 규칙을 만드는 것이 더 좋다. 인생이 점점 나아지길 원한다면, 자신의 선택을 신뢰하고 끝까지 지켜 나가자. 이를 위한 비법은 즐거움을 주는 선택을 하는 것이다!

평소의 아침 대신에 일주일 동안 단백질 음식(달걀, 요구르트, 햄이나 기름기 없는 고기 한 조각과 함께 설탕을 넣지 않은 차나 커피 한 잔)만 먹어 보자. 그 과정에서 무엇을 느꼈는지도 살펴봐라. 어쨌든 틀에 박힌 습관을 가끔 깨뜨려 보는 것이 필요하다. 주말에는 달걀, 토스트, 잼 등으로 '브런치'를 즐기되, 평일 아침에는 소박하게 커피와 요구르트 정도만 먹어 보는 것이다. 이렇게 자신에게 잘 맞는 방식을 찾을 때까지 여러 시도를 해 보자. 비용도 별로 들지 않는다. 좋은 식사법을 계속 따르다 보면, 웰빙에 대한 감각도 자연스럽게 몸에 배어 습관으로 굳어진다.

몇 가지 습관을 바꾸는 것만으로, 자신도 모르는 사이에 몇 킬로그램을 뺄 수 있다. 이렇게 해 보자. 달걀 프라이 대신 삶은 달걀, 돼지고기 대신 쇠고기, 보통 우유 대신에 무지방 우유, 바게트 대신 밀기울(밀겨)빵, 덜 익은 싸구려 포도주 두 잔보다 좋은 포도주 한 잔, 식초·소금·기름 등이 많이 들어간 프렌치드레싱 대신 레몬소스, 기름을 둘러 구운 생선보다 찐 생선을 먹는 것이다.

결심만 하지 말 것

"내면이 충만하다면 자신의 의지를 억누르지 않고도, 음식으로 배를 채우려는 욕구가 줄어든다. 날씬해진다는 것은 의사나 주변 사람이 아닌 자신이 결정했을 때에만 성공할 수 있는 자기 변신이다." 아펠도르퍼 박사(프랑스 심리학자)《체중 감량의 열쇠》

우리는 끊임없이 삶의 방식을 개선해 나가며 새로운 인생을 시작할 수 있다. 변화의 힘이 우리 안에 있다는 확신이 이러한 변모의 바탕이다. 정상궤도로 돌아가고, 건강한 상태로 돌아가려는 욕구를 품는 데는 언제나 작은 계기만 있으면 된다. 그 계기가 어디에서 비롯된다고 설명할 수는 없지만, 마치 마술처럼 일어난다는 점만은 확실하다. 물론 가끔은 낙담(대부분 몸무게가 너무 나가거나 건강이 나빠져서)하거나 바닥을 칠 정도의 절망감이 계기가 되기도 한다. 수영장 바닥에 닿은 수영선수가 다시 수면 위로 오르기 위해 온 힘을 다해 발길질하듯이, 절망에 빠진 사람은 '궁지에서 빠져나오기 위해' 굳은 결심을 하게 되는 것이다.

체중을 줄여 건강을 되찾아야겠다는 생각이 들었다면 당신은 이미 제대로 된 길에 들어선 것이다. 중요한 것은 그 결정을 다음 날로 미루지 말고 당장 실행에 옮기는 것이다. 일단 시작하면 자신감이 생긴다. 여기에 힘들이지 않고 살을 뺄 방법을 찾는다면 목표를 이룰 수 있다는 확신이 더 강하게 들 것이다.

이틀의 일탈, 이틀의 만회

"자유에 이르는 길은 바로 훈련이다." 이나얏 칸(인도 수피즘의 영적 스승) 《울리지 않은 음악의 소리》

과식을 한 다음에는 조금 더 가볍게 먹는 것이 자연스러운 체중 조절 방법이다. 체중을 잘 조절하는 사람이라면 하루 이틀 평소보다 많이 먹었을 경우(몸이 무겁다 싶을 때), 다음 날 하루나 며칠 동안은 자연히 덜 먹는다. 그러면 다시 몸이 가벼워진다. 이처럼 과도한 양을 조절하는 것은 자연스러운 일이지만, 초과된 것에 대해서는 어느 정도 규칙이 필요하다. 예를 들면 이런 것이다. "이틀의 일탈은, 이틀의 만회로."

이따금 정말 일탈을 하고 싶을 때는 '지혜롭게' 하자. 기름기 없는 수프에 싫증이 날 때 잼통으로 달려드는 대신 버터나 파르메산 치즈를 조금 넣어서 먹어 보는 건 어떨까? 크루아상 한 개(혹은 두 개)가 먹고 싶은 유혹이 든다면, 버터를 바른 바게트 4분의 1 조각보다 크루아상 한 개의 지방이 훨씬 더 많다는 사실을 기억하라. 물론 작은 즐거움을 위해 (참지 못하고) 먹어 버린다고 해서 엄청난 잘못이라고 할 수는 없다. 하지만 긴 시간을 두고 보았을 때 이러한 타협은 큰 차이를 만들어 낸다. 잘못된 습관은 천천히 그러나 반드시 고쳐 나가자. 그리고 자신을 사랑하라. 음식을 선택할 자유는 오직 당신 자신에게만 있다.

자신만의 '황금률'

"잘 먹되, 적당히 먹어라." 몰리에르(17세기 프랑스 극작가)

당신은 오직 하나뿐인 소중한 보물인 몸을 어떻게 보호하고 있는가? 몸은 우리 존재가 머무는 유일한 장소다. 당신이 진정으로 원하는 것을 알고 있는가? "아니, 난 이것을 원치 않아. 무엇이든 다 먹지 않아도 되고, 나에게 가장 좋은 것만 먹을 수 있는 선택권이 있어"라고 단호하게 말할 수 있을 정도로, 즐거움에 관해서 충분히 명확한 기준이 서 있는가? 좋아하는 것, 몸에 좋은 것을 먹는 즐거움은 그 무엇보다도 중요하다.

하지만 이 즐거움을 누리려면 자신만의 원칙이 필요하다. 그리고 어떤 상황에서든, 혼자일 때든 둘 혹은 가족과 친구들과 있든, 주중이든 주말이든, 집에서든 여행 중이든 그 원칙들을 지켜야 한다. 케네디 전 미국 대통령의 부인 재클린 케네디는 절대 어기지 않는 한 가지 원칙이 있었다. 그것은 차 한 잔, 오렌지 주스 한 잔, 버터를 바르지 않은 비스킷 한 조각의 아침 식단이었다. 그녀는 푸짐하고 훌륭한 아침 식사를 할 수 있는 수많은 자리에 참석했지만 절대 이 원칙을 잊지 않았다!

이렇게 자신만의 규칙을 가진다는 것이 반드시 엄격한 삶이나 식사법을 의미하지는 않는다. 모든 식사법에는 나름의 장점이 있다. 하루는 '이탈리아식(스파게티와 적포도주)'으로 먹고, 또 하루는 '중국식(만둣국)'으로 먹고, 다음에는 '시골식(고기 파이, 작은 오이, 밀기울빵과 포도주 한 잔)', '고급식(푸아그라 한 조각과 샴페인)' 등 무엇이든 좋다. 중요한 것은 상상력과 창의력을 발휘해서 '황금률'을 정하고 자신이 정한 범위 안에서만 먹고 마시며 즐기는 것이다. 예를 들어 빵 한 조각, 바나나 반 개, 잼 한 숟가락, 푸아그라 반쪽 정도를 자신에게 충분한 양으로 정하고, 이를 감안해 세세한 기준을 세우는 식이다.

여기 몇 가지 예가 있다.

집에서

· 요리를 하는 동안 먹거나 마시지 말자.

· 절대, 냉장고나 찬장에서 꺼낸 음식을 그대로 먹지 말자. 항상 접시나 대접에 담아 먹자.

· 가벼운 스낵이라 할지라도, 그 시간을 최대한 누리기 위해 앉아서 먹자.

· 모든 식사는 수프나 샐러드를 먹는 것에서 시작하자.

- 식사가 끝나고 식탁을 치우기 전에, 남은 것을 조금 더 먹고 싶은 유혹에 빠지지 않도록 남은 음식은 바로 랩을 씌우거나 비닐 팩에 넣어 버리자.
- 가방에는 늘 비상식량을 넣어 두자. 길거리 음식의 유혹에 넘어가지 않도록 말린 과일, 단백질 에너지바 등을 가지고 다니자.

식당에서

- 소스를 따로 주문하자.
- 남은 음식은 포장해서 집으로 가져오자.
- 빵을 먹지 말자.
- 전채 요리, 디저트 등은 다른 사람과 나누어 먹자.

일상에서

- 아침에 일어났을 때, 저녁에 잠자리에 들기 전에 물을 한 잔씩 마시자.
- 매일 가벼운 세 끼 식사를 하자.
- 채소를 제외한 다른 음식은 더 가져다 먹지 말자.
- 초콜릿은 (가장 좋은 품질로) 한 번에 딱 한 조각만 먹자.
- 이틀 동안 규칙을 지키지 못하고 '일탈'을 했다면, 만회를 위해 이틀을 노력하자.

- 여럿이 함께 먹을 때는 즐겁게 식사하고, 혼자일 때는 건강 식 단을 지키자.
- 겨울에는 수프를, 여름에는 생채소 샐러드를 먹자.
- 일주일에 5회 이상 외식을 하지 말자.
- 좋은 식당에서만 식사하거나 아니면 샌드위치를 직접 싸 가지 고 다니자.

진정한 식이요법

"나는 건강한 삶과 식생활에 필요한 단순한 규칙들을 매일 지키려고 평생 동안 모든 인내심을 쏟아부었다. 이는 더는 의지적인 선별의 문제가 아니었다. 본능에 가까웠다. 나는 한 가지 습관을 오랫동안 규칙적으로 지켜 왔기 때문에 깊이 생각할 필요도 없다. 이제는 그저 자연스럽게 지켜진다. 나는 모든 인내심을 다해서 좋은 식습관을 기르고 낮잠과 운동, 유머 등의 규칙에도 늘 주의를 기울인다."

솔론 로빈슨(《뉴욕 트리뷴》의 농업 분야 기고가) 《농부에게 주는 말》

현대 사회는 우리에게 끊임없이 더 소비하도록 부추기지만, 사실 우리의 욕구를 충족하는 데는 아주 적은 양이면 충분하다. 우리 몸은 무엇이든 조금씩만 필요로 한다. 따라서 우리는 어떤 순간에 자신에게 가장 필요한 것이 무엇인지 반드시 스스로 알아내야 한다. 그러지 않고 그저 날씬해 보이기 위해 '엄격한' 식단을 따랐던 사람들은 결국 서로 식단이 크게 다르지 않다는 사실을 깨닫게 된다.

- '유기농' 식품들(이 부분은 말할 필요도 없다)을 먹자.
- 설탕은 먹지 않거나 아주 소량만 먹자.
- 매일 좋은 기름(올리브 오일, 호두기름, 포도씨 오일 등)을 두세 숟가락 먹자.
- 매일 과일과 채소를 먹자.
- 생선, 달걀, 기름기 없는 쇠고기를 주 2, 3회 먹자.
- 소금은 아주 조금만 먹고 그 대신 겨자, 허브, 향신료 등을 사용하자.
- 고기보다는 생선을, 우유로 만든 치즈보다는 염소젖으로 만든 치즈를 먹자.
- 채소는 너무 오래 익히지 말자. 비타민이 파괴된다.
- 신선한 재료를 고르자.
- 독소(술, 담배 등)를 멀리하자.
- 일단 몸에 들어가면 체지방으로 변하기 쉬운 포화지방을 멀리하자.

- 물을 충분히 마시자.

- 걷고 움직이자. 근육이 칼로리를 소비한다.

- 저녁은 가볍게 먹자. 잠자는 동안은 소화를 제대로 할 수 없다.

- 점심을 덜 먹기 위해 아침은 푸짐하게 먹자.

- 과식을 했다면 하루 이틀 정도 절식을 하자.

- 금기 사항은 없애자. 억압을 당한 몸은 복수하게 되어 있다.

- 수시로 조금씩 먹는 것을 피하자. 식사는 5시간 간격으로 하는 게 좋다.

- 천천히 꼭꼭 씹어 먹자.

- 음식물을 고를 때, 항상 건강을 생각하자.

- 직접 요리해 먹자.

- 가능하면 자정이 되기 전, 규칙적인 시간에 잠자리에 들자.

- 아무것도 하지 않는 시간을 가져라.

- 스트레스를 피해라. 허기가 아니라 위로받으려는 욕구로 먹게 된다.

- 웃어라. 많이 웃어라.

이상은 아주 보편적인 규칙들이다. 하지만 모든 사람이 이대로 따라야 하는 건 아니다. 단지 대부분 사람에게 적당한 규칙일 뿐이다. 무엇보다 중요한 건 자신을 바로 알고 자제하지 않으면서 관습에서 벗어나는 일이다. 아침에 아무것도 목에 넘어가지 않는다면, 먹지 마라. 생선을 싫어한다면, 먹지 않아도 된다. 수많은 불교 신자가 채식주의자지만 건강하다. 물론 이들은 단백질이 풍부한 두부, 말린 강낭콩을 먹는다. 요컨대 중요한 것은 자신의 몸과 마음이 건강한 상태를 유지하는 것이다.

양 줄이는 법

너무 많이 먹고 있다

햄버거가 커졌다!

50년 전에는 수저, 접시, 잔, 샌드위치 등을 비롯해 모든 것이 더 작았다. 영국식 샌드위치는 지금 런던에서 볼 수 있는 것의 절반 크기였다. 온갖 채소가 들어 있고 마요네즈가 뚝뚝 흐르는 지금의 샌드위치는 사방에 흘리지 않고는 한 입 베어 물기 어려울 정도로 크다. 예전에는 아이들 간식으로 바나나 한 개면 충분했지만, 오늘날에는 빅맥 세트·샌드위치·푸딩·냉동식품·초콜릿바·설탕이 든 음료수 캔 등을 정상적인 양으로 생각한다. 그래서 대부분 사람은 그 '단위'로 제시된 양을 전부 소비하게 되는 것이다.

식품회사는 우리 위장이 그것을 다 소화할 수 있는지 전혀 고려하지 않는다. 그런데도 우리는 우리 욕구에 대한 조정권을 그들에게 내맡긴다. 아무 생각 없이 단지 '한' 개를 먹는다는 것에 만족하면서 말이다. 하지만 그 양을 누가 정했는지 한 번 생각해 본 적이 있는가? 누가 비스킷이나 크루아상 한 개의 크기를 정했을까? 식품회사들이 추구하는 것은 단 한 가지, 자신들의 이익이다. 그들이 광고, 프로모션, 슈퍼마켓의 판매대를 통해 가장 치밀한 전략으로 제품을 노출시키는 것은 우리가 더욱더 많이 소비하도록 하기 위해서다. 물론 우리도 익히 아는 사실이다.

하지만 식품의 양이 치밀하고 꾸준하게 증가하고 있다는 사실도 알고 있는가? 지난 30년간 식품 한 개에 담긴 양은 거의 2배에서 5배 더 증가했다. 이렇듯 마케팅은 언제나 우리가 더 소비하도록 '마법'을 부리는 데에 수백만 유로를 쏟아붓는다. 미국의 저널리스트 그렉 크리처가 자신의 책《비만의 제국》에서 밝힌 수치만 보더라도 말이다. 맥도날드의 감자튀김 한 봉지가 1960년에는 200칼로리였지만, 1970년대 말에는 320이 되었다. 1990년대 중반에는 450칼로리였는데, 1990년대 말에는 550으로 늘었다! 2005년에는 610칼로리에 육박한다! 590이었던 메뉴가 지금은 1550칼로리에 이르렀다. 영양학적인 품질은 너무 형편없는데도 양을 늘림으로써 고객들에게는 지불한 만큼 제품이 제값을 한다는 인상을 심어 주는 것이다.

많이 살수록 싸다?

'많이 살수록 싸다'고 광고는 유혹한다. 우리가 더 많이 소비하도록 부추기는 것이다. 스낵이나 다른 식료품의 포장이 커질수록, 제조사는 더 비싸게 팔 수 있다. 추가 비용을 아주 적게 들이고도 더 이윤을 남길 수 있는 셈이다. 요컨대 그들은 우리에게 항상 더 많은 양, 더 큰 사이즈를 제시하면서, 어떻게 하면 우리의 만족감을 담보로 이윤을 남길까를 연구한다.

만약 식품회사에서 음식의 질에 대해 조금만 더 관심을 기울인다면, 우리가 그 제품을 더 많이 찾게 되어 자연히 회사가 품질에 들인 비용을 상쇄할 수 있을 것이다. 그런데 식품회사들은 그런 노력 대신, 점점 더 많은 양(스낵, 시리얼, 국수 등의 봉지가 점보 사이즈로 바뀌고, 크루아상이나 초콜릿빵 등은 대형으로 바뀌었으며, 맥도날드의 S, M, L 사이즈 감자튀김도 점점 커졌다)을 사도록 부추기는 쪽을 택한다. 슈퍼마켓의 카트는 점점 더 커지고, 접시와 컵, 찬장과 마찬가지로 냉장고도 점점 커진다. 이러한 흐름을 따르면 덩달아 커지는 것이 있으니 그것은, 우리의 뱃태다.

자연의 단위

달걀 한 개, 감자 한 개, 사과 한 알……. 자연에서 나오는 단위는 완벽하다. 먹는 양을 줄이고 이러한 자연의 단위와 조화를 이루며 사는 것은 어떨까? 물론 피자의 반을 나중에 먹으려고 보관하는 것보다 한 판을 완전히 먹어치우는 편이 훨씬 더 처리하기는 쉽다. 그래선 우리 몸이 가벼워지기 어려울 테지만 말이다.

남긴 피자 반은 어떻게 해야 할까? 일본에서는 포장해 집으로 가져간다. 피자 한 판은 여럿이 나누어 먹는 게 일반적이고 말이다. 일본 사람들은 식사가 포함된 다회(다실에 손님을 초대해 차를 마시며 이야기 나누는 모임. 정오에 모일 경우에는 간단한 식사가 곁들여진다-옮긴이)에 갈 경우, 봉투에 얇은 한지 같은 종이(과자를 놓거나 찻종을 닦는 데 쓰인다-옮긴이)를 몇 장 넣어 간다. 남긴 음식을 싸 오기 위해서다. 점심이나 저녁에 초대한 경우 주인은 손님이 떠날 무렵 남은 음식들을 작고 예쁜 보자기에 곱게 싸서 내놓는 일을 잊지 않는다.

칼로리 계산은 그만!

"간디의 식단. 발아밀 88그램, 으깬 채소 88그램, 부드럽게 반죽한

아몬드 페이스트 88그램, 쌉쌀한 레몬 6그램, 꿀 57그램."쇼트 박
사《요리 잡학사전》

칼로리는 전문가들의 대화에서나 사용되는 말이다. 체중이
정상적이고 안정적인 사람이 음식을 고르기 위해 칼로리 표
를 참고하는 일을 본 적이 있는가? 훌륭한 영양사들도 각 음
식에 들어 있는 칼로리가 정확히 얼마인지 모른다고 인정한
다. 더욱이 우리는 실험실의 쥐가 아니지 않은가. 우주캡슐
속에 사는 것도 아니다. 식당에서 밥을 먹을 때 나온 음식들
의 칼로리를 어떻게 다 계산할 수 있겠는가? 우리 일상에 칼
로리가 등장한 것은 겨우 50년 전 일이다. 굳이 칼로리를 일
일이 계산하지 않고도 우리는 건강하게 지내 왔다는 것이다.

균형 잡힌 식사를 하고 싶다면 식품군에 따라 매일 어느
정도의 '양'이 자신에게 적당한지를 알고 속으로 그려 보면
된다. 이때 입속으로 들어갈 음식의 양을 눈대중하는 연습
을 하라. 1인분의 양이 많다면, 그만큼 칼로리도 높다. 이것
은 아이라도 알 수 있는 일이다! 조금 통통한 정도라면, 식
단을 극단적으로 바꿀 필요는 없다. 평소 먹던 양을 반으로
줄이면 된다. 매일 접시에 조금씩 남기는 습관을 들인다면
일 년에 10킬로그램은 뺄 수 있을 것이다. 이러한 변화는 아

주 작고 간단한 실천으로 이루어지지만, 매일매일 실천하다
보면 (지방이라는!) 산도 옮길 수 있게 된다.

너무 많이 먹고 있다

"배가 10분의 8 정도 찼다면 식탁을 떠나라." 일본 속담

아침에는 크루아상 한두 개, 버터나 잼을 바른 빵 한두 조각
과 카페오레를 먹고, 점심에는 전채 요리로 오일드레싱을
한 햄 조각, 주요리로 고기(평균 200그램) 한 접시와 감자·치
즈·빵·와인 몇 잔·디저트 등을 먹고, 저녁으로 또다시 와인
과 함께 파스타 요리·치즈·빵 등을 먹는다. 한 사람이 단 하
루에 먹기에는 양이 너무 많다. 특히 저녁의 경우, 편안한 밤
을 보내려면 이렇게 과하게 먹어서는 안 된다. 위는 채우면
채울수록 운동을 하지 않으니 말이다. 위장은 분명 충직한
하인이지만, 지나치게 무거우면 게을러지는 경향이 있다.
매일 하루 세 끼를 위와 같이 먹는 사람은 천천히 그러나 분
명히 병이 들게 된다. 따라서 잘못된 습관은 버리고, 덜 먹되
잘 먹는 습관을 익혀 나가야 한다.
　일본 사람들은 마지막 한 접시의 유혹을 물리치기 위해

오래된 명언을 매우 자주 인용한다. "배가 10분의 8 정도 찼으니 식탁을 떠나야 합니다." 그러나 서구 사회는 많이 먹는 것에 중독돼 있는 듯하다. 그래서 눈앞에 음식물이 많으면 공복감도 더 커진다. 이런 점에서 일본의 전통적인 식사법인 '일즙삼채(一汁三菜)'를 눈여겨볼 필요가 있다. 일즙삼채란, 해초나 해산물을 넣어 끓인 된장국 한 그릇에, 구운 생선 한 마리, (때로 두부가 곁들여진) 나물 한 접시 그리고 밥으로 이루어진다. 그나마 반가운 소식은 프랑스와 이탈리아에서 적게 먹는 식사법이 유행하기 시작했다는 것이다.

양만 조절하면 뭐든

"접시의 크기에 따라서 먹을 것이 아니라, 포만감에 더 주의를 기울여야 한다. 그 요리를 담아낸 사람은 그날 우리가 느끼는 공복감의 정도를 알 리 없기 때문이다. '남기지 말고 먹어라.' 어릴 적 수없이 듣던 말은 이제 잊어라!" 아리앙 그랭바시

카망베르 치즈 한 조각, 얇게 버터를 바른 작은 빵 한 조각, 크루아상 반쪽, 비스킷 두 개. 이 정도는 칼로리가 아주 적다. 요컨대 중요한 것은 무엇을 먹을지 미리 생각하고, 하루

에 필요한 전체 '양'에 맞게 각 식품의 양을 조절하는 것이다. 이렇게 하면 '다이어트'는 영원히 끝을 내고, 어느 곳, 어떤 상황에서든지 식생활의 균형을 되찾을 수 있다. 혼자 있든 여럿이 있든 집에 있든 식당이나 뷔페에 있든 말이다. 이제 더는 양심의 저울에 이성과 욕구를 달아 보며 망설이지 않아도 될 것이다. 당신을 살찌게 하는 빵이나 피타빵(지중해 지방에서 주로 먹는 담백한 빵-옮긴이) 한 조각에 벌벌 떨지 않아도 된다. 우리를 규칙에 얽매이게 만드는 것이 바로 그런 두려움과 금기들이다. 살이 찌는 것을 두려워하지 않는다면 오히려 더 날씬해질 수 있다. 기분이 좋아지고, 자신감이 생기는 등 자신에게 좋은 것을 아는 것, 이것이 적당한 체격을 회복하고 초과한 체중에서 벗어나도록 해 주기 때문이다.

한 끼 양을 그려 보자

"뱃속에 들어가는 모든 것이 배를 부르게 한다." 속담

한 번에 먹을 양을 조절하는 것은 단순한 훈련 이상의 좋은 일이다. 한 번에 먹을 양을 조절하면 궁극적으로는 음식을 다양하게 먹어 매주, 매달 점진적으로 식사의 양을 줄일 수

있다. 자꾸 연습하면 눈은 점점 '크기'를 가늠하는 법을 배우게 된다. 만일 양을 제한하면서 미각을 단련한다면 어느새 절제하고 있다는 의식조차 하지 않게 되리라. 그렇다고 단순하게 모든 음식의 칼로리를 계산하라는 뜻이 아니다. 초콜릿 한 조각과 사과 한 알의 칼로리는 같지만, 영양 성분은 전혀 다르기 때문이다. 따라서 우리가 익혀야 할 것은 자신에게 어느 정도의 식사량이 적당한지를 알고, 식사할 때 접시나 공기에 담아낼 음식의 양을 눈대중만으로 한 번에 가늠할 줄 아는 단순한 기술이다.

그 양을 가늠하는 간단한 두 가지 방법은 손의 크기로 재거나 알고 있는 사물의 크기와 비교하여 재는 것이다. 그렇게 하면 과식을 하지 않게 된다.

• 녹색 채소: 거의 주먹 하나 크기

• 콩류: 골프공 크기

• 고기나 생선: 게임카드 한 벌

• 시리얼, 국수, 밥, 감자 등: 작은 화장비누

• 감자튀김: 10개 이하

• 생크림, 소스: 호두 한 알 크기

• 올리브 오일, 버터: 골무 크기만큼

- 고형 치즈, 햄: 도미노 한 개 크기
- 크림치즈: 골프공 크기
- 말린 과일: 골프공 크기
- 케이크: 쌓아 올린 각설탕 5개 정도 크기

비교하기 좋고 기억하기 쉬운 것을 기준으로 삼아라. 또한, 자신만의 기준을 세우자. 식품의 밀도도 고려하자. 보통의 빵 한 조각이나 현미밥 한 공기보다 같은 크기의 베이글이 가진 칼로리가 다섯 배 더 높다. 특히 현미밥은 흰쌀밥보다 건강에 더 좋다. 주스 한 잔을 만들려면 오렌지 세 개가 필요하고, 탄산음료 한 캔에는 각설탕 12개 분량이 들어 있다.

하루에 먹을 양

"내가 다른 사람들처럼 먹었다면, 아마 뚱보가 되었을 거야. 무엇이든 가리지 않고 먹지만 대신 아주 조금씩만 먹어. 점심에는 샐러드와 빵, 치즈 조금이면 충분해. 내가 음식에 관심이 없는 것 같다, 너무 적게 먹는다고 나무라는 사람들이 있어. 하지만 나는 그렇게 많이 먹을 필요가 없다는 걸 알아. 더욱이 너무 많이 먹으면, 일할 때 머리가 맑지 않아. 모든 사람이 자신의 체질에 알맞은 양을 알

고, 필요한 만큼 먹는 것이 중요하다고 생각해." **도쿄에 사는 친구**

하루에 자신에게 필요한 양을 정하기만 하면 된다. 어떤 사람들에게는 자신이 생각하던 것보다 그 양이 너무 적을 수도 있다. 하지만 대부분의 사람은 아래의 양이면 충분하다.

- 2, 3회 분량의 채소(생채소와 수프에 포함된 익힌 채소)

- 과일 1, 2개(크기에 따라)

- 2, 3회 분량의 곡류(빵, 쌀, 감자 등)

- 2, 3회 분량의 단백질(고기, 생선, 달걀, 두부, 콩류, 치즈)

- 2조각 정도의 지방(버터, 기름, 마요네즈 등. 아주 적은 양 같지만, 디저트나 비스킷, 우유, 고기 등에도 이미 지방이 많이 들어가 있다)

- 단것은 하루 한 번(경우에 따라)

- 포도주는 두 잔(경우에 따라)

음식의 양을 시각화할 수 있는 작은 '비법'이 있다. 앞에 놓인 접시를 시계라고 상상하는 것이다. 정오부터 아침 6시까지는 채소를 놓고, 6시부터 저녁 9시까지는 단백질 음식을, 9시 이후부터 자정까지는 전분이 함유된 음식을 놓는다.

재료는 절반만 쓰기

요리할 때, '가벼운 식사'를 하려고 노력하자. 미리 아주 적은 양('평소' 식사량의 절반 혹은 3분의 1 정도의 양)을 준비하고, 음식을 일정한 양(그라탱, 수프, 스튜 등)으로 나누어 얼려 두자. 이렇게 해 두면 해동 시간이 짧아질 뿐 아니라, 양이 적어 더 먹고 싶은 유혹에 빠지는 일도 줄어든다. '액체' 상태의 음식(시금치 퓌레, 소스, 디저트 등)도 사각형 얼음 틀에 작은 크기로 얼려 둬라. 또 요리할 때 재료는 조리법에 나오는 양의 절반만 쓰자.

식당에서는 음식을 서로 다른 크기로 두 부분으로 나누어, 더 적은 쪽을 먹자. '이동 중에'(길에서 혹은 대기실, 공항 등에서) 먹게 될 때는, 구입한 샌드위치의 절반이나 4분의 1쪽만 먹어라. 그리고 가능한 한 혼자 먹지 말고 여럿이 나누어 먹자. 예를 들어 식당에서 케이크가 나오거나 주요리와 샐러드 등이 나올 경우 나누어 먹는 것이다. 일부 내용물(예를 들면, 햄의 기름기 있는 부분)을 걷어 내고 먹는 방법도 있다. 아무튼 덜 기름진 음식을 먹도록 노력해라.

어른이 되면서 자주 깨닫는 일은 '아무것도 없는 것'보다 '적게라도 있는 것'이 더없이 큰 위로가 된다는 사실이다.

다이어트 식단

다이어트를 하고 싶다면 아래 식단을 참고해 보는 건 어떨까.

아침

- 요구르트 한 개 혹은 뮤즐리(곡식, 견과류, 말린 과일 등을 섞은 것. 아침 식사로 우유에 타 먹는다-옮긴이) + 무지방 우유 200밀리리터 혹은 버터를 바르지 않은 밀기울빵

점심

- 채소
- 단백질 90그램(기름기 없는 쇠고기, 생선, 달걀, 두부 등) 혹은 탄수화물 90그램[스파게티, 렌즈콩, 쌀, 퀴노아(메밀과 비슷한 남미산 곡물-옮긴이)], 콩으로 만든 버미첼리(가느다란 서양 국수의 일종-옮긴이) 등
- 요구르트나 치즈

저녁

- 점심과 마찬가지로 하되, '더 가볍게' 먹기 위해 고기는 먹지 않는다.

이 다이어트 식단을 위해서는 다음을 기억해야 한다.

- 단백질이나 탄수화물을 먹을 때 채소도 항상 먹어라. 단백질과 탄수화물이 몸속에서 지방으로 변하지 않도록 하기 위해서다.
- 식간에는 과일을 먹어라.
- 샐러드, 수프, 요구르트 등에 발아밀(혹은 집에 있는 다른 곡물의 발아식품), 맥주 효모 등을 넣어 영양가를 높이자.
- 견과류·말린 과일과 함께, 그 효능이 지나치게 저평가된 다양한 허브를 가능한 한 자주 먹어라.

그리고 매주 아래와 같이 단백질을 섭취해라.

- 고기: 3회
- 생선: 4회
- 달걀: 3회
- 두부: 4회

위 내용들을 작은 종이에 인쇄해라. 늘 가방에 가지고 다닐 수 있도록 코팅도 하자. 장을 보거나 외식할 때, 이 내용이 아주 유용할 것이다

물보다 좋은 음료는 없다

사람들은 다른 음식과 마찬가지로, 음료도 별다른 신경을 쓰지 않고 소비한다. 습관적으로 필요 이상으로 많이 마신다. 하지만 물을 제외한 모든 음료가 하나의 음식이다. 그 어떤 해로운 음식보다도 건강에 나쁜 영향을 주는 음료가 있다는 사실을 잘 모르고 있다. 그러므로 잠시 시간을 내어 가장 좋아하는 음료가 무엇인지 그리고 음료를 마시는 습관이 훗날 가져올 결과는 무엇일지 곰곰이 생각해 보자.

물은 자연이자 건강

"포도주 맛을 아는 사람은 더는 포도주를 마시는 것이 아니라, 비밀을 맛보는 것이다." 살바도르 달리

물을 충분히 마시는가? 물은 세상에서 가장 자연스럽고 건강에 좋은 음료다. 공기 다음으로 생명에 필수적인 요소다. 그 어떤 신의 음료도, 황홀한 음료도 물의 가치와는 비교할 수 없다. 목이 마를 때 마셔야 할 음료는 오직 물, 물밖에 없다.

차, 탄산음료, 술 같은 다른 음료는 즐거움이나 여유로운 휴식을 위해 혹은 집중을 위해 따로 남겨 두어야 한다. 물은 음식물보다 더 중요하다. 한 일본인 안마사의 말에 따르면, 다리가 무거운 것도 물을 충분히 마시지 않아서다. 몸 안에 독소가 쌓여서라고 한다. 그는 자기 체중의 30분의 1만큼 물을 마셔야 한다고 주장한다. 차나 커피는 흔히 생각하는 것과는 달리 우리 몸의 수분을 고갈시켜 몸을 건조하게 만든다. 카페인이 함유되어 있기 때문이다. 그러므로 술, 커피, 차를 마실 때는 적어도 그만큼의 물을 마시도록 해라.

술을 덜 마시려면

"꽃 사이에 술 한 병 놓고 / 벗도 없이 홀로 마신다 / 잔을 들어 밝은 달 맞이하니 / 그림자 비쳐 셋이 되었네 / 달은 본래 술 마실 줄 모르고 / 그림자는 그저 흉내만 낼 뿐 / 잠시 달과 그림자를 벗하여 / 봄날을 마음껏 즐겨 보노라 / 노래를 부르면 달은 서성이고 / 춤을 추면 그림자 어지럽구나 / 취하기 전엔 함께 즐기지만 / 취한 뒤에는 각기 흩어지리니 …" 이태백(중국 당나라 시인) 〈월하독작 1〉

적당하게 마신 술은 영혼의 양약이다. 음식은 보통 아무렇게나 생각 없이 먹기 마련이지만, 좋은 포도주는 우아함과 황홀함을 선사한다. 이렇듯 술은 우리를 여유롭고 즐겁게 한다. 그러자면 절제하며 마셔야 한다. 겨울에 에그노그(럼 또는 브랜디에 설탕·레몬·더운 물을 섞은 음료인 그로그Grog에 거품 낸 우유를 섞은 술)의 부드러움을 만끽할 줄 아는 것이 기술이다. 몇 시간이고 오래된 스코틀랜드산 스카치를 잔에 조금씩 따라 즐길 때도 마찬가지다.

샴페인 즐기기

"나는 즐거울 때 샴페인을 마신다. 슬플 때도 마신다. 좋은 사람들과 함께 있을 때도 샴페인은 빠질 수 없다. 식욕이 없을 때 샴페인 한 잔을 즐기고, 배가 고플 때도 샴페인을 마신다. 이런 경우가 아니라면, 목이 마르지 않은 이상 절대 샴페인을 마시지 않는다."

릴리 볼랭제(세계적으로 유명한 샴페인 회사 볼랭제의 3대 경영주)

샴페인 발명자로 전해지는 프랑스 수도사 돔 페리뇽은 "샴페인을 마시는 것은 무수한 별을 마시는 것과 같다"고 말했다. 예로부터 왕의 음료요, 사랑과 축제의 술로 여겨진 샴페인은 우리 마음의 상태와 관련이 깊다. 강장제로 쓰일 뿐 아니라 기분을 풀어 주는 효과도 있어, 건강에 가장 좋은 포도주라 할 수 있다. 비록 신경쇠약을 고쳐 놓을 정도는 아니지만 말이다.

샴페인은 톡 쏘는 맛이 그만이다. 지방의 소화를 촉진하고 배가 더부룩하게 하는 가스를 없애 주는 효과도 가지고 있다. 그래서 기름진 식사에 가장 이상적인 음료다. 이뇨 작용을 해서 몸 안의 노폐물을 배출하도록 돕고, 유황 성분도 함유해 몸 안의 독소를 없앤다. 이 때문에 류머티즘, 감기, 알레르기 환자들에게 특히 좋다. 그러니 한 달 동안(예를 들면 방학 때), 긴 막대빵 하나와 샴페인을 마시는 식사 요법을 해 보는 건 어떨까? 비록 샴페인이 저렴한 술은 아니지만, 모든 종류의 술을 아무렇게나 마시는 것보다는 돈이 적게 들 것이다.

게다가 다른 어떤 술도 따라 할 수 없는 샴페인만이 주는 분위기가 있다. 축제라도 벌어지듯 기분을 즐겁게 한다는 것이다. 샴페인은 눈도 즐겁게 하는 술이라, 급하게 마시지 않게 해 다음 날 '숙취'로 고생할 일도 거의 없다. 이렇듯 샴페인과 함께하면 인생은 '축제'의 나날이 된다. 마를렌 디트리히(독일 출신의 할리우드 여배우-옮긴이)가 말한 것처럼, "매일이 일요일인 것처럼" 말이다. 이보다 더 멋진 표현이 어디 있겠는가!

예쁜 병 활용법

> "행복한 인생의 비결을 묻는가? 뜨거운 물에 몸을 담그고, 오래된 브랜디, 샴페인, 싱싱한 완두콩이면 족하다." **윈스턴 처칠**

술은 몸의 주요 기관을 건조하게 만들어 피부의 탄력을 빼앗는다. 모공이 늘어지고 주름이 생기면서 늙게 만든다. 칼로리도 높아 쓸데없이 다른 음식을 많이 먹거나 건강에 해로운 음식(달거나 짠 비스킷, 땅콩 등)을 같이 먹게 한다.

사회생활을 하면서 술을 덜 마시려면, 술잔에 입술을 적시는 정도로 만족해라. 술잔이 비어 있지 않으면, 누구도 굳이 새로 따라 주려고 하지 않을 것이다. 집에서 마실 때는 일본 노인들이 하는 방법을 따라 해 봐라. 그들은 각자 작은 병을 가지고 있는데, 저녁 식사 전이나 후에 그 병을 한 번 채운다. 이 술로 피로를 풀며 하루를 마감한다. 그 순간 맛볼 순수한 즐거움이란! 포도주병은 미학적이지도 실용적이지도 않아서 자연스러운 절제를 이끌어 내진 못하지만, 작은 술병은 앙증맞을 뿐 아니라 손에 들기에도 좋다. 그런 병을 구하기 어렵다면 주위에서 쉽게 구할 수 있는 반 리터짜리 작은 술병에 지금 막 딴 포도주를 붓고, 나머지는 다음 날을 위해 보관해라. 이러면 저녁에 훨씬 덜 마시게 된다.

고요히 차를 마셔라

"나는 이 녹색의 빛깔에 담긴 자연을 모두 마신다. 눈을 감으면 내 마음속 깊이 푸르른 산과 맑은 물이 보인다. 정적 속에 홀로 앉아 차를 마시면, 차는 나의 일부가 된다. 다른 사람과 차를 나누어 마시면, 그들 또한 차와 자연과 합일을 이룰 수밖에 없다." 센 겐시츠 (다도 유파 우라센케의 15대 종장)

식사 중이나 후에 마시는 좋은 차 한 잔은, 하던 일을 멈추고 잠깐 숨을 돌릴 여유를 준다. 차는 면역력을 강화하고, 소화를 도우며, 기분도 좋게 한다. 좋아하는 차 중 하나인 녹차의 향은 아주 맑고 순수해서 기운을 북돋고 내 속의 모든 감정을 일깨운다. 고요하고 차분한 가운데 인생을 돌아보게 해 준다. 그래서인지 녹차는 오래전부터 승려와 시인들이 즐겨 마시던 음료였다. 선종 승려인 에이사이(도겐과 선종 일파인 조동종을 창시했다-옮긴이)는 녹차가 건강과 장수의 비법이고, 가장 효과가 좋은 약이라고 했다. 실제로 차는 피를 맑게 하고 암을 예방한다. 최근까지도 일본의 차 재배 지역에서는 암 환자가 거의 없었다. 차는 콜레스테롤 수치와 혈압을 낮추고, 알츠하이머의 진행 속도를 늦추며, 당뇨병과 알레르기 치료에도 효과가 있다.

점점 더 대중화되고 있지만, 녹차는 여전히 서구 사회에서는 잘 알려지지 않은 음료다. 영국인의 차인 홍차는 찻잎을 완전히 발효한 것인데, 동양에서는 일본의 경우처럼 발효하지 않은 녹차를 마시는 경우가 더 많다. 중국에서는 찻잎의 30~40퍼센트만 발효한 우롱차도 마신다. 이러한 차에는 잎을 완전히 발효하면 사라지는 비타민 C, 아연, 마그네슘 등의 영양소가 많이 함유되어 있다. 차는 계절이나 품질, 종류 등에 따라 맛이 아주 다양하다. 사람들은 건강을 위해서뿐만 아니라 친목을 도모하기 위해서도 차를 즐긴다.

물론 어떤 차를 마실지는 함께 먹을 음식에 따라 달라진다. 예를 들어 우롱차는 매우 향기로워 입속에 감도는 다른 음식의 풍미를 모두 앗아갈 수 있다! 이처럼 차마다 특징이 있어, 차 애호가들은 차를 한 모금 마시기 전에 입속을 정성껏 헹궈 내기도 한다. 우롱차는 기름진 음식에 잘 어울리고, 녹차는 그 쌉쌀한 특유의 맛 때문에 달콤한 음식과 잘 어울린다. 뜨거운 짜이(인도 차의 일종) 한 잔은 책을 읽을 때 더없이 좋은 친구가 된다.

사과, 장미, 계피 향 등이 나는 차는 차라 할 수 없다. 제대로 된 차는 차 고유의 향을 지닌다. 향과 맛이 첨가되고 온갖 가공을 거친 차는 불량식품에 가깝다! 그러므로 다른 모든 것과 마찬가지로 이러한 음료는 지나치게 마시지 말아야 한다.

작은 그릇을 쓰자

매번 같은 그릇은 지루하다

"친구들, 포도주 한 병, 한가로운 시간, 꽃에 둘러싸인 곳……. 나는 세상을 준다 해도 이것들과는 바꾸지 않을 것이다. 지금 그리고 앞으로도 영원히." 하피즈(중세 페르시아 서정시인)

양은 적지만 기분 좋게 먹으려면 우선 싫증이 나지 않아야 한다. 가령 즐거워지려고 더 많이 먹을 경우 새로움을 느끼지 못한다. 그러니 습관적인 단조로움에서 벗어나 다양하게 먹어라. 그리고 더 작고 우아하며 아름다운 그릇들을 사용해라. 매번 식사 시간이 즐거운 축제가 되면 먹는 양도 줄어들 것이다. 왜 늘 똑같은 옛날 그릇들만 사용하는가? 어떤 날은 한 접시에 모두 담아 먹거나, 또 어떤 날은 '일품요리'

만 먹거나, 뷔페식으로 먹을 수도 있지 않은가.

어떤 존재가 매력적으로 보이는 순간은 독창성과 상상력 그리고 창의력이 엿보일 때다.

일품요리

요즘은 식당에서 일품요리로 점심을 먹는 것이 유행이다. 이것은 원칙적으로 '단순함'이라는 이상에 적절한 식사법이다. 더욱이 음식이 빨리 나오는 이점이 있다. 그렇다면 집에서도 가끔 이 방법을 써 보는 것은 어떨까? 왜냐하면 식당에서 파는 '점보 사이즈(XXL!)'의 샐러드나 온갖 햄에는 수많은 지방 덩어리가 숨겨져 있기 때문이다.

메뉴에서 비교적 덜 기름지고 더 조리되는 음식을 한 가지 골라 먹는 것으로 만족하자. 전채 요리와 디저트는 생략해라. 샐러드나 오믈렛 아니면 디저트 한 가지만으로도 식사를 대신할 수 있다. 중요한 것은 일품요리라는 핑계로, 너무 많이 먹지 않는 것이다. 하지만 집에서는 적게 먹으면서 설거지도 줄일 수 있는 아주 좋은 방법이다.

색다른 일품요리

빳타이(Pad Thai)

태국식 볶음국수다. 쌀국수는 뜨거운 물에 담가 두었다가 물기를 뺀다. 쇠고기 저민 것을 볶다가 숙주나 양파싹 등 몇 가지 채소도 넣어 볶는다. 여기에 쌀국수와 누옥맘(베트남 요리에 쓰이는 생선으로 만든 소스)·설탕·식초·향신료·달걀지단 등을 넣어 살짝 볶는다. 접시에 담아낸 후 라임 즙과 땅콩 가루를 뿌린다. (쇠고기 대신 새우를, 달걀지단 대신 스크램블 에그를 넣어도 된다)

보분(Bo Bun)

베트남식 비빔국수다. 얇게 저민 쇠고기 120그램을 소스(마늘 한 쪽, 잘게 썬 레몬그라스 조금, 누옥맘 4테이블스푼)에 재웠다 볶는다. 강판에 두껍게 간 당근 1/3개, 잘게 썬 상추와 민트잎도 준비한다. 중국식 가는 국수나 엔젤헤어파스타를 뜨거운 물에 담갔다가 물기를 뺀 후 잘게 썬다. 재료를 모두 섞은 후 땅콩 가루를 뿌린다.

"검은색 도시락에 잘 지어서 담은 하얀 쌀밥은 뚜껑을 여는 순간 따끈한 김을 내고, 밥알은 진주처럼 반짝거린다. 이 인생의 한순간, 마음이 한없이 너그러워지지 않는 일본 사람은 단 한 명도 없을 것이다." 다니자키 준이치로 《그늘에 대하여》

한국인과 중국인은 오래전부터 고형의 재료와 액체가 서로 어울리는 국물 음식을 먹었다. 국물 음식은 몸에 수분을 공급하고, 요리는 소박해도 영양학적으로 완전한 균형을 이룬다. 어떤 수프는 스무 가지 이상의 영양소를 포함하고 있다. 한 그릇에 담긴 완전한 식사의 조리법은 무궁무진하다.

한 국물 음식을 담는 데는 600밀리리터 정도의 예쁘고 큰 대접이면 충분하다. 가능하다면 간소하고, 편리하며, 친환경적이고, 감각적인 칠기로 된 대접 하나를 마련해라. 이 자연 소재에 음식물을 담으면 마법처럼 아주 이상적인 온도가 유지된다. 열기도 잘 전달해 감싸 쥔 손이 따스해진다. 품질이 우수한 칠기는, 약해 보이는 것과 달리 잘 깨지지 않고 내구성이 아주 좋다.

칠기는 식탁에 놓을 때 소리도 나지 않는다. 국물 요리, 채소 무침, 생선이나 채소덮밥 등 어떤 음식이든 칠기에 담을 수 있다. 이러한 이유에서 많은 승려와 수백만의 중국인(아시아에서는 모든 음식을 미리 적당히 자르거나 충분히 부드러운 상태로 내놓아, 포크와 나이프라는 공격적이고 야만스러운(?) 도구를 사용하지 않아도 된다)이 칠기 그릇을 사용한다. 아무런 장식 없이, 오직 음식의 색감을 돋우는 검은색의 큰 칠기 대접만큼 멋진 그릇은 없다. 이런 물건에 투자하는 것은 사치가 아니다. 이 그릇은 식욕을 다스려 절제할 수 있게 해 준다. 움푹한 접시에 담긴 수프를 쇠숟가락으로 떠먹을 때와, 비록 더 거친 음식이라도 칠기 대접에 담긴 요리를 음미하는 것은 얼마나 다른지! 그 맛은 거의 도의 경지와 같다……. 더욱이 소파, 베란다 혹은 카펫 위 어디로든 가지고 다닐 수 있다.

한 쟁반 음식

일본에서는 식당에서든 집에서든 거의 모든 식사가 각자의 쟁반에 담겨 나온다. 계절이나 음식 재료, 여러 상황에 따라 칠기나 나무로 된 쟁반을 쓴다. 가장 이상적인 쟁반 크기는 약 가로 35, 세로 25센티미터다. 이런 쟁반을 사용하는 것은 식사를 보기 좋게 담아내면서도, 실용적이고 참신하며 유희적인 방법으로 식사에 제한을 둘 수 있는 아주 훌륭한 아이디어다.

얼마나 아름다운 제한인가! 식단에 대한 막연하고 추상적인 개념 대신에, 눈앞에 다른 것은 없고 오직 자신이 먹기 위해 준비한 음식만 놓이는 것이다. 씻어야 할 '큰 그릇'도 생기지 않고 말이다! 쟁반에 식사를 담아내면 좋은 또 다른 점은 순서대로 원하는 음식을 원하는 장소에서 원하는 속도로 먹을 수 있다는 것이다. 서로 다른 작은 접시에 음식을 조금씩 담아내 각각의 맛에 집중할 수 있고, 다양한 영양소도 섭취할 수 있다.

쟁반에 놓을 그릇들은 골동품 시장을 거닐다 보면 마음에 드는 것을 세트로 마련할 수 있다. 다양하고 아름다운 작은 그릇들은 비록 음식은 적어도 식사 시간이 즐거워지도록 만든다. 그러니 색깔, 모양, 재질 등 색다른 나만의 그릇을 찾아보자. 일본에서는 똑같은 그릇을 반복해서 놓는 것을 금한다. 일본의 전통은 일곱 가지 음식을 내놓는 것이다. 국, 밥, 초절임을 한 몇 가지 음식, 약한 불에 익힌 채소(가끔은 고기), 생선 조금, 참기름을 뿌린 채소 한 입, 소금에 절인 다른 채소가 그것이다.

작은 것이 좋다

"차를 사이에 두고 서로 마주 보고 있을 것이다. 둘의 손가락을 타고 찻잔의 온기가 전해지면, 서로 쓰다듬던 몸에 대한 향수가 일어

난다." 세토우치 자쿠초(일본 소설가) 《여름의 끝》

일본 사람들은 저마다 개인 식기 세트를 갖고 있다. 가족이라도 그 그릇을 사용하는 일은 상상할 수 없다. 우리가 칫솔을 나누어 쓰지 않는 것과 비슷한 느낌이다. 식기 세트는 밥공기, 국그릇, 찻잔, 젓가락으로 구성되는데, 이 모든 것은 성별·체격·나이·취향 등에 맞추어 아주 세심하게 선택된다. 크기는 문화·영양학적으로, 담길 음식물 양에 따라서 달라진다. 성인 남성의 국그릇은 스무 살 청년의 것보다 작다. 팔십대 노인의 국그릇은 더 은은한 색이며, 젊은 여성의 것보다 얇다.

또한 일본 사람들은 음식 종류에 따라 특정한 깊이, 형태, 크기의 도자기를 사용한다. 구운 생선은 폭이 좁고 긴 접시에 담고, 간장소스로 약한 불에 익힌 음식은 조금 움푹한 타원형 접시에 담으며, 밥을 다 먹을 수 있도록 함께 곁들여 내는 두세 입 정도의 소금에 절인 채소는 아주 작은 접시에 담아낸다. 일본인 중에 살찐 사람이 많지 않은 이유가 여기에 있다. 일본 음식은 대체로 지방이 적거니와 그릇이 양을 제안하기도 해서다.

우아한 친구 아키코는 이런 작은 그릇 세트 네 상자를 어머니에게서 물려받았다고 한다. 그 그릇들에 어울리는 사계절 요리법도 함께 말이다. 예를 들어 겨울에는 따뜻한 톤의 도자기와 칠기에 진한 국과 제철의 줄기채소들을 담아내고, 여름에는 자기와 유리그릇에 샐러드·아이스크림·생채소 등을 담아낸다. 유리그릇에는 바람에 흩날리는 버드나무나 파도 문양이 그려져 있는데, 유리의 투명함과 문양이 잘 어우러져 청량감까지 준다. 얼마나 멋진 일인가. 그릇을 바꾸는, 이 아주 작은 소소한 일을 통해 계절의 변화를 느끼고, 인생에 생기도 불어넣을 수 있으니 말이다!

찻잔 접시를 사용하자

조금만 상상력을 발휘하면, 일본 사람들 같은 식사법을 실천할 수 있다. 옛날에 쓰던 그릇은 지금보다 대체로 더 작았다. 현대적인 커다란 접시 대신에 디저트 접시를 써 보면 어떨까? 아니면 작은 대접, 작은 오븐 용기, 찻잔 접시, 길쭉한 타원 접시, 리큐어 글라스나 긴 유리잔 등을 다른 용도로 사용해 보면 어떨까? 이런 그릇들에 담기는 양이 우리 위장 크기에 훨씬 더 맞다! 게다가 손으로 가볍게 들 수 있고 날렵한 그릇을 입 가까이에 가져갈 수 있어, 몸의 움직임도 자유롭다. 음식을 흘리지 않기 위해 몸을 앞으로 숙이지 않아도 되니 말이다.

요즘 우리가 사용하는 그릇은 인체 공학에 어긋난다. 시간이 지날수록 점점 커지기만 한다. 식탁의 절반을 차지하는 커다란 접시에 작은 완두콩 세 알과 조그만 양 갈빗살 한 토막을 얹어 놓는 것은 유행이거나 속물근성에서 비롯된 것은 아닐까? 유리잔은 또 얼마나 큰지 포도주를 4분의 1리터나 따를 수 있을 정도다. 더욱이 큰 그릇은 차가워 아무 매력이 없고 친밀감도 들지 않는다. 들었을 때 무겁고 거추장스러울 뿐이다. 음식물은 빨리 식게 하고, 씻어 헹궈 들어 올릴 때도 힘들다.

하지만 옹기종기 놓인 온갖 작은 요리는 오히려 풍성한 느낌을 주고, 다양한 색채 때문에 생동감도 준다. 진정으로 눈을 즐겁게 하며, 각각의 그릇에 조금씩 담긴 음식들에 집중할 수 있게 한다.

이 빠진 그릇의 아름다움

속은 거칠거칠하지만 겉은 찻물이 배어 반들반들 윤이 나는 오래된 도자기 다기나, 고색창연한 찻잔은 그 어떤 물건보다 소중하다. 진정한 차 애호가들은 타닌 성분을 문질러 닦지 않는다. 그것이 차의 맛을 더욱 좋게 만들어 주기 때문이

다. 매일 더 아름다워지고 고색이 짙어지는 찻잔을 바라보
고 만지고 사용하는 것은 얼마나 큰 행복인가! 동북아시아
에서는 이러한 고색을 아름다움의 요소로 여겨, 있는 그대
로 소중히 간직한다. 은으로 된 물건이 검은색이 될 때까지
인내하며 기다린다. 이러한 아름다움이야말로 존재의 덧없
음에 대해 사색하도록 하기 때문이다.

모든 것은 문화와 취향의 문제다. 다른 문화의 눈으로 사
물을 바라보려는 시도는 우리 일상을 더욱 풍요롭게 만들
수 있다. 프랑스와 같은 서구 사회에서 음식은 늘 같은 식기
'세트'에 담아내는 것으로 받아들여졌다. 누가 감히 오래되
어 이가 빠지거나 금이 가고 모양도 제각각인 접시로 친구
를 대접할 생각을 하겠는가? 하지만 일본인에게는 그것이
풍요와 세련됨의 표시다. 오래 써 빛이 바래고 세월의 흔적
이 남은 물건은 본질의 발현이다. 그러한 물건을 손에 쥐고
있으면, 그것이 거쳐 온 세월이 느껴지고, 그 물건이 놓였던
장면들과 그 속에 담겼던 갖가지 요리가 살아나는 것 같다.

오래되어 이가 빠지거나 금이 가고 모양도 제각각인 접
시들은 일반적인 미의 기준에 어긋나고, 거기서 '디자인'을
찾기도 어렵다. 하지만 이러한 물건들을 접할 때 우리는 하
이테크와 인습주의, 무개성의 세상에서 벗어난 자유를 맛본

다. 찻잔 하나, 도자기 하나에 난 균열은 그 물건을 다른 모든 것과 구별해 주고, 오래된 나무숟가락은 그것을 새롭고 다양한 각도에서 바라보게 해 준다. 아름다움은 흔히 작은 것에서 발견되고, 불완전함 속에서 드러난다는 사실도 일깨운다.

이러한 물건들과 함께라면, 우리의 식사는 전혀 다른 의미를 띤다. 요즘 유행하는 베린('유리잔에 담긴 요리'를 뜻한다. 주로 과일이나 디저트 종류를 긴 유리잔에 층층이 쌓아 시각적 즐거움을 준다. 최근에는 파스타, 스테이크까지 담아낸다-옮긴이)요리가 그릇들을 색다르게 활용하는 즐거움을 맛보게 해 주었다. 생각지 못한 기발한 방법으로 그릇을 사용하고, 스타일이나 색깔·모양·소재 등을 서로 배합해 음식을 담아내는 법을 즐겨 보자. 보기 좋고 맛도 좋고 건강에도 좋은 음식을 먹고, 그것을 삶의 에너지로 쏟아부으려면, 단조로움과 침체를 막아야 한다.

다양한 먹는 법

동양인들은 금속으로 된 포크보다 나무젓가락을 더 사용하는데, 나무젓가락이 음식 맛을 덜 변하게 해서다. 사실 나무젓가락은 식탁의 공간도 덜 차지하고 무엇보다 소리가 나지 않는다. 또 동양인들은 대접에 입을 대고 국을 마신다. 서양인인 내게는 색다른 체험이었다. 우선 손에 온기가 느껴져 마음까지 따스해지고, 입술이 도자기에 닿을 때는 다정한 느낌마저 든다. 맛을 가장 잘 느끼는 혀 부위에 음식이 닿아 그 풍미를 제대로 느낄 수 있어 더더욱 좋다.

손으로 집어 먹는 것 역시 색다른 느낌을 준다. 손으로 먹는 감자튀김보다 더 맛있는 것이 어디 있는가. 빵도 손으로 먹는 것이 훨씬 맛있다!

작은 식탁의 매력

작은 식기를 사용하는 것에 대해 이야기하려면 먼저 가구 이야기를 해야 한다. 우리는 왜 거대한 식탁으로 집 안을 비좁게 만들까? 수많은 식당과 술집에서는 아주 작은 테이블에 두세 사람만 받는다. 테이블이 작으면 음식이 더 푸짐하게 보여서는 아닐까? 사실 작은 식탁은 파티 분위기를 연출한다. 음식이 풍성하게 차려진 커다란 테이블에서 격식을 차린 대접을 받을 때보다 사람들은 더 편안하게 먹고, 식당을 나선다. 더욱이 작은 식탁에 둘러앉아 먹다 보면 서로 더 가깝게 느껴지고, 내밀한 속마음이나 자신의 생각도 더 쉽게 털어놓게 된다.

파리에 사는 숙모는 워낙 성격이 담백해서 집에 가구라고는 작은 테이블 하나뿐이다. 숙모는 아주 우아하고 색다른 식사를 위해, 그 작은 테이블에 여섯 혹은 여덟 명씩 '옹기종기' 모여 앉게 한다. 그러면 금세 유쾌하고 따뜻한 잔칫집이 된다. 이것은 우리가 쓰는 공간을 어떻게 구성하고 사용하느냐에 따라 분위기가 달라질 수 있음을 말해 준다.

집에 있는 접시들이 레코드판만 하지 않는 한, 작은 식탁에서 식사를 하는 것이 더 유리하고 매력적이다. 식사 장소를 바꾸어 보는 것도 좋은 방법이다. 쏟아지는 비를 보려면 창문가에서, 티브이에서 좋은 영화를 한다면 거실에서, 빛이 쏟아지는 발코니나 정원이 있다면 야외에서 먹는 것도 색다른 즐거움을 준다. 허겁지겁 걸신들린 듯 먹는 것이 아니라 매번 식사가 축제가 될 수 있도록 단조로움을 거부하고 다양한 분위기를 낼 방법은 얼마든지 많다!

살아 있다면 요리하라

요리의 의미

살아 있다면 요리하라

중국 속담에 요리를 하지 않는 사람은 야만인과 미개인뿐이라는 말이 있다. 그만큼 모든 중국인은 요리를 하고 싶어 하고, 요리를 통해 자신이 살아 있음을 느낀다. 아무리 옹색한 곳에서라도 시간을 들여 식사 준비를 하는 것은 인간으로서 최소한의 조건을 만족시키려는 의지에 다름 아니다. 중국인들은 직접 만든 요리만을 진짜로 여기기 때문이다.

산다는 것, 먹는다는 것은 단순히 퇴근길에 서둘러 사 온 샌드위치나 바게트 조각에 만족하라는 뜻이 아니다. 무엇으로든 허기만 면하라는 뜻도 아니다. 그보다 더 큰 의미가 있다. 우리의 유전자에 새겨져 대대로 내려오는 이 '요리'라는 행위야말로, 사람과 동물을 구분 짓는 가장 오래된 기준일지 모른다.

누가 만든 것인지도 모를, 공장에서 만들어 포장까지 된 완제품을 전자레인지에 2분 돌려서 순식간에 먹어치우는 음식은 진정한 의미에서 우리의 욕구를 만족시킬 수 없다. 구내식당의 급식이나 원하는 대로 골라 먹는 식당 음식이라 해도 마찬가지다.

자신이 먹을 음식을 직접 준비하는 것은 몸과 마음의 균형을 위해 아주 중요하다. 시장을 보고 요리를 하는 사이 우리는 독립성을 되찾을 수 있을 뿐 아니라 인생을 음미할 수 있게 된다. 자신과 가족의 건강을 돌보고 힘을 북돋을 뿐 아니라 손을 뻗으면 닿을 가까운 곳, 바로 가정에서 일상의 행복을 누리는 법을 깨우친다. 예를 들면 카펫 바닥에 책상다리로 앉아 완두콩 껍질을 까는 것이 그저 귀찮은 일이 아니라 "바로 여기, 지금 이 순간"을 누리는 즐거운 경험이 될 수 있다. 연두색이 은은한 콩깍지 향기는 풋풋하고, 손톱으로 콩을 훑어 내릴 때 느끼는 쾌감도 그만이다. 스테인리스 샐러드 볼에 콩이 작은 공처럼 도로록 떨어지는 소리는 또 얼마나 경쾌한가. 이것이 내가 그리는 행복의 모습이다.

빵 만드는 것도 예술

"자신을 잊고 무언가에 몰입한다는 것은 엄청난 능력이다. 아무도 보지 않을 때에도 우리는 그렇게 해야 한다." 도겐 선사(일본 조동종 창시자)

일에서 의미를 찾으려면, 그 일을 항상 즐길 줄 알아야 한다. 완전히 집중해 정성을 담아 요리를 하는 것은 일종의 경건한 의식과 같다. 한 순간 한 순간이 중요하고, 완벽한 시간이 될 수 있다. 불 위에서 보글보글 끓는 물, 냄비에서 풍겨 나오는 냄새, 눈앞에 펼쳐진 알록달록한 채소들……. 이런 조합이야말로 더없이 평화로운 일상의 풍경이다. 요리라는 오래되고 일상적인 행위가 우리에게 일깨워 주는 것이 바로 살아가는 즐거움이다. 더도 덜도 말고 딱 인생의 즐거움!

지금 우리 삶은 너무 구획되어, 미술이나 조각, 시나 음악 같은 것들만 예술로 여긴다. 하지만 예술은 우리의 모든 행위 속에 있고, 모든 일에 적용될 수 있다. 하다못해 빵을 만드는 것도 예술이다. 그 과정에서 즐거움을 느낄 수 있기 때문이다. 가치 기준은 점점 더 무너지고 인간성이 메말라 가는 경박한 시대에 맞서 일상이라는 현실에 깊이 뿌리내리는 것, 그보다 더 멋진 일이 어디 있겠는가.

불 앞에 서서 우리 손으로 만들어 내는 자연은 전혀 다른 것이다. 요리를 하면서 우리는 새로운 감각과 새로운 사고의 세계로 나아가게 된다. 이것이 요리가 우리에게 궁극적으로 주는 즐거움이다. 즉 평범한 사고의 틀을 넘어, 우리 일상이 영원하고도 완전한 순간이 되도록 만들어 주는 것이다. 이렇듯 자신을 초월하게 하는 요리야말로 진정한 하나의 예술이다! 그러므로 시간을 핑계로 직접 요리하지 않는 이들이 늘어나는 것은 사람들이 인생의 진정한 의미를 깨닫지 못하고 손가락 사이로 인생을 흘려보내고 있다는 뜻이다. 최소한의 마음만 먹는다면, 요리는 귀찮거나 억지로 해야 할 일이 아니다.

직접 만든 음식이 가장 좋다

"건강을 지켜라. 몸은 그 영혼이 머무는 곳이니." 인도 속담

요리는 자신이 좋아하고 또 몸에 필요한 음식을 준비함으로써 건강을 돌보는 길이다. 직접 요리한 음식보다 몸에 더 좋은 것은 없다. 사 먹는 음식에는 채소가 별로 들어가지 않고, 우리 혀만 만족시키는 재료들, 즉 소스나 지방류·설탕·

인공 향료 등이 많이 들어간다. 집에서 요리할 때보다 기름과 설탕, 소금 등도 더 많이 사용되기 마련이다. 식당의 오믈렛만 보더라도 집에서 만든 것보다 얼마나 기름기가 많은지 알 수 있을 것이다. 또한 시키지도 않은 감자튀김이 으레 딸려 나오는데, 일단 돈을 낸 음식이니 우리는 아무 생각 없이 먹게 된다! 이렇듯 외식을 할 때면 우리는 자신도 모르게 '특별'하고 예외적인 경우라고 여겨, 그 순간을 최대한 만끽하려 한다. 그래서 평소보다 많이 먹는 것도 스스로 정당화한다. 하지만 안타깝게도 이러한 순간들이 일상의 기준이 되어 버리고, 그러다 보면 어느새 우리 몸무게는…… 정상치를 벗어나고 만다.

식생활의 첫 번째 목적은 건강을 유지하는 것이고, 조화롭고 균형 잡힌 삶을 위해 건강한 식생활은 필수 조건이다.

손의 힘

"음식의 온기는 손에서 손으로 전달된다." 다네다 산토카(일본 하이쿠 시인)

손에 담긴 온기와 애정은 힘이자 생명이다. 손은 고통을 다

독이고, 마음을 가라앉혀 준다. 영혼을 위로하고, 공감을 불러일으킨다. 우는 아이를 달래고, 위로하고, 쓰다듬고, 치유하는 등 말로 다 표현하지 못하는 것을 전해 준다. 의사가 고치지 못하고 약이 치료하지 못한 것을 치유해 주는 것이 바로 손 아닌가.

그래서 동양인들은 손으로 준비한 음식이 아주 중요한 생명력을 일컫는, 기(氣)를 지니고 있다고 여긴다. 일본인들은 이 기를 손으로 전달되는 '생명력'이라고 설명한다. 신체 중에서도 손바닥은 기가 가장 충만한 부위다.《물은 답을 알고 있다》라는 책에 따르면, 옆에 방치된 항아리 속의 물 분자는 불규칙한 반면, 애정을 가지고 손으로 감싸 쥔 항아리 속의 물 분자는 규칙적이고 아름다웠다고 한다.

손으로 반죽한 빵, 이탈리아 아주머니가 집에서 만든 스파게티, 아프리카의 곡물 부침개, 일본의 주먹밥, 엄마가 애정을 담아 손수 만든 키시 로랭(프랑스 로렌 지역에서 유래된 음식. 크림·햄·달걀·치즈 등을 넣어 만드는 일종의 타르트-옮긴이) 등 이 모든 요리는 신기하게도 가게에서 파는 것보다 영양이 풍부하고 더 마음을 끈다. 왜일까. 이러한 음식들은 따스한 기운과 행복감을 전해 주기 때문이다. 세상의 그 어떤 좋은 음식보다 우리를 살찌우고 기운 나게 하는 것이 이 기, 사랑이라는 것이다.

천천히 살게 한다

"요가나 성당에서 하는 묵상보다 자신의 빵을 손수 만드는 단순
한 작업이 더 정신을 고양시킨다." M. F. K 피셔(미국의 요리 저술가)
《식사의 기술》

즐거움과 실익을 겸하라. 이것이 모든 소일거리의 이상적인
모습이다. 서두르지 않고 집에서 하는 단순한 일들이 주는
즐거움을 지향하는 것은 '슬로푸드(Slow Food)' 운동과 함께
주목받기 시작한 새로운 생활 방식이다. 슬로푸드 운동은
패스트푸드 문화에 반대하는 것으로, 1989년 파리에서 공식
적으로 시작되었다. 지역 고유의 음식과 동식물을 보호하는
것이 목적이다. 이 취지에 공감해 세계 각국에서 수많은 단
체가 생겨났으며, 이들은 포도주 시식회, 생산업체 방문, 테
마가 있는 저녁 식사 등 여러 행사를 벌이고 있다. (웹사이트
www.slowfood.fr 참조)

요리는 여유롭고 편안한 시간을 만끽하는 일이다. 이걸
알게 된다면, 요리는 하기 싫은 귀찮은 일이 아니라 오히려

즐거운 일이 될 것이다. 우리는 온갖 테크놀로지로 너무 자동화된 시대에 살고 있어서, 인간적으로 다른 사람과 연결되는 일들에 목말라 한다. 그러한 관계야말로 얽혀 있는 사고의 실타래를 풀어 주고, 영혼을 살찌우고 자유롭게 하며, 인생을 즐길 수 있게 해 주어서다.

자신과 만나는 시간

"일상적인 일과 더불어 어떤 한 가지 일을 평생 동안 한다면, 그 일로 우리 정신은 계절과 자연과 합일을 이루게 된다." 센 겐시츠

인생에서 가장 큰 즐거움은 음식을 요리하는 것이다. 달구어진 팬에서 춤추는 한 줌 완두콩을 보라. 도마와 칼 옆으로는 작은 대접을 순서대로 놓아, 씻고 잘라서 준비한 음식 재료들을 담아 놓는다. 그다음 익히기에 들어간다. 나는 이런 식으로 천천히, 질서 정연하게, 차분히 움직이는 것을 좋아한다.

요리를 하는 시간은 언제나 휴식과 놀이의 시간이 되어야 한다. 그 어떤 의무감이나 부담감, 그 어떤 계산도 없어야 한다. 만약 평소에 시간이 별로 없어서 '효율성'을 따져야만 한

다면, 요리를 '배터리를 재충전'하고 긴장을 풀 수 있는 기회로 활용해 봐라. 이것은 혼자 살아서, 혼자 먹을 음식을 요리하는 것을 너무 싫어하는 성향의 사람들에게도 아주 중요한 마음가짐이다. 따뜻한 요리 한 접시를 준비하는 데 쓰는 10, 15분의 시간은 몸과 마음의 건강에 전혀 다른 결과를 가져온다.

넴비에 물을 붓고 불 위에 올리는 사이, 우리 몸과 영혼은 그만큼 채워진다! 일상적이고, 친숙하며, 무의식적이고 자연스러운 행동이 주는 아름다움. 그것이 발하는 우아함은 일상의 단조로움을 깨고, 우리가 자신과 만나게 해 준다. 요리에 몰두하는 사이에 그 경지에 이르는 것이다. 아! 위대한 요리사나 장인들이 아주 소중히 여기는 이러한 수련 방법은 어쩌면 자신의 힘으로 쟁취하는 '인간 승리'가 아닐까.

다만 이런 경지에 이르려면 먼저 세 단계가 필요하다. 왜냐하면 요리란 단순히 가스 불을 켜는 행위가 아니기 때문이다. 우선 장을 보고, 식단을 짜고, 마지막으로 불 앞에서 분주히 움직이며 요리를 해야 한다. 그렇다고 겁먹을 필요는 없다. '반조리'라는 방법도 있으니까 말이다. 이 방법이라면 건강에 좋고 맛도 좋은 따뜻한 요리 한 접시를 준비하는데 단 15분이면 충분하다.

똑똑한 장 보기

비싸더라도 좋은 것으로

"단순한 삶은 호사스럽게 사는 데 필요한 조건에서 자유롭다. 이 것은 건강에 좋은 음식만 먹어야 한다는 걱정을 놀라울 정도로 덜 어 준다." 헤겔

요리를 하기 위해 식재료들을 사는 것은 기본이다. 집에서 영양학적으로 골고루 맛있게 잘 먹으려면, 우선 장을 잘 볼 줄 알아야 한다.

식재료를 살 때 첫 번째 중요한 것은 품질이다. 가장 싸고 맛없는 걸 먹으면서, 잘 먹었다고 할 수는 없다. 좋은 음식을 조금 먹는 것이, 싸지만 질이 낮거나 미심쩍은 음식을 많이 먹는 것보다 비용이 더 들지는 않는다. 한 일본인 친구는 굉

장한 미식가다. 파리의 부촌에서 혼자 사는데, 절제하지 않고 먹고 마시는 데 한 달에 180유로(약 26만 원)가량을 쓴다. 조금 더 검소한 다른 친구는 이 친구의 씀씀이가 헤프다고 나무란다. 밤에 밖에서 마시는 음료 가격을 포함하더라도 말이다.

당연히 제철식품!

장을 잘 보려면, 한창 수확기에 있는 제철의 식재료를 골라라. 저렴할 뿐 아니라 품질도 좋다. 이런 이유로 식단은 가게 진열대에 켜켜이 쌓여 있는 기본 재료 중 시장에서 흔히 볼 수 있는 것들을 골라 결정해야 한다. 그 반대는 금물이다!

몇몇 속물근성 있는 미식가가 식단에 적어 놓은 신기한 재료들이 모두 완벽하다고 생각하는가? 많은 사람이 만물 재료의 비싼 가격만 보고 막연히 좋으리라 생각한다. 하지만 만물 재료는 대체로 맛이 없고 물만 많다. 예를 들어 4월의 완두콩은 단단하고, 3월의 딸기는 시다. 그러므로 만물 재료는 쓰지 마라. 그 편이 위장만큼이나 살림살이에도 보탬이 된다.

재료들을 구입하기 전에 먼저 시장을 한 번 둘러봐라. 어떤 식재료가 많이 들어올수록 값이 더 싸진다는 사실을 쉽게 이해할 수 있을 것이다. 이제 메뉴에 '오늘의 요리'라고 적어 놓고 시장에서 가장 싼 재료들로 만든 음식을 내놓는 레스토랑처럼, 여러분도 집에서 '오늘의 요리'를 만든다는 생각으로 장을 봐라. 돈을 아낄 수 있을 뿐 아니라, 계절의 리듬에 따라 살아가게 돼 훨씬 더 건강해질 것이다.

대형슈퍼마켓은 끊어라

"절약하려고 비싸지 않은 이것을 샀어요." "그래서 지금, 우리가 더 부자가 됐소?" 데이비드 린치 감독의 영화 〈인랜드 엠파이어〉

한두 사람이 사는 집이라면, 큰 시장이나 슈퍼마켓처럼 넓은 곳에서 장을 보는 횟수는 한 달에 한 번 정도로 제한해라. 그런 곳은 소비심리를 잘 알아 싸게 파는 것은 분명하지만, 지나치게 많이 사게 만든다. 턱없이 싸, 물건을 마구 사고 싶게 충동질한다. 식구도 많지 않은데, 애초에 생각했던 것보다 더 많은 돈을 중요하지 않은 것에 쓰게 만든다. 구하기 쉬운 재료들로 간단하게 요리하는 것에 익숙하다면, 집에 기본 재료(소금, 후추, 기름, 참깨와 깨소스, 식초, 겨자, 홍차, 커피, 밀가루, 쌀, 파스타 등)가 있을 경우, 동네 가게에서 산 신선한 식품과 빵집에서 산 빵 정도만 있으면 주중에 손님 한두 명이 와도 끄떡없을 것이다.

넓은 곳에서 시장을 봐야 한다면, 주의하고 경계할 것이 있다. 꼭 필요한 것만 구입하라는 것이다. 열 가지가 넘는 식용유, 겨자, 식초를 왜 사려고 하는가? 기름 한 병, 샐러드용 기름 한 병이면 족하다. 다 먹어 새로 사야 할 때가 되면, 얼마든지 새로운 종류로 바꿀 수 있다.

게다가 기본 재료가 너무 많으면 요리가 지나치게 ‘진지’하고 부담스러운 일로 느껴진다. 재료들을 구분하고 정리하느라 너무 많은 시간과 에너지를 쏟아야 하기 때문이다. 그렇게 되면, 특히 저녁에 지쳐 집으로 돌아올 때는 골목 피자 가게나 배달음식점에서 산 음식을 전자레인지에 겨우 돌려 먹는 상황이 생긴다.

집에서 적게 그러나 잘 먹고 싶다면, 그저 비어 있으니 냉장고를 채워 놓는다거나 보상 심리로 잘 먹지도 않는 식료품들로 찬장을 가득 채우는 일은 이제 그만두자. 그 대신 ‘좋은’ 재료들, 예를 들면 밀기울빵, 돼지 다리로 만든 햄, 적당히 익은 과일(좋은 과일을 골라 잘 익도록 두는 기술이기도 하다), 부드러운 요구르트 사는 일을 잊지 않도록 하자. 요구르트를 매일 먹는다면 직접 만들면 더욱 좋다. 아주 검소한 한 친구는 다 먹지 못할 음식을 잔뜩 집에 사 오는 것은 죄악에 가깝다고 말한다.

물건을 살 때는 라벨을 잘 읽어 보자. 들어 있는 성분의 목록이 길수록 덜 자연적인 식품이다. 따라서 통조림이든, 조미료든, 신선식품이든 구성 성분표가 가장 짧은 것을 선택하라. 1킬로그램 상자의 옥수수 통조림이나 큰 치즈 덩어리는 구입하지 마라. 과일과 채소는 가장 작은 것이 가장 맛좋은 경우가 많다. 작은 것이 들고 다니기 좋고(시장바구니 크기를 생각해 봐라), 창고에 보관하기도 좋다(말린 버섯, 마늘, 길쭉한 양파, 둥근 양파처럼 흡습성이 강한 양념 재료들). 재료들이 신선하면, 분명 그 음식 품질은 최고일 것이다.

물론 10분 만에 파르메산 치즈를 넣어 만든 맛 좋은 라타투이(호박, 토마토, 양파, 피망 등 여러 채소에 허브를 넣어 볶은 채소 스튜-옮긴이)와 1시간의 준비가 필요한 식사 사이에서 이른바 '반조리 식품'으로 타협점을 찾아도 좋다. 물론 이 '요리 아닌 요리'를 하려면, 흔히 '고급요리'라는 수준을 기대해서는 안 된다!

곡물, 단백질, 채소는 필수

"내면의 삶을 단순화한 사람은 외면의 삶도 단순하게 살게 된다."
헤밍웨이

장을 볼 때, 식단을 짜기 위해 우선 '세 가지 원칙'을 생각해라. 집에 곡물류(쌀, 퀴노아, 국수 등)가 있다면, 채소는 적색·황색·녹색으로 사도록 하자. 단백질 음식도 세 종류를 사자. 생선, 고기, 달걀, 두부 등을 조금씩 사는 것이다. 과일은 예외적으로 한 사람당 일주일분으로 일곱 종류를 사도 좋다.

요리하면 지구를 지킬 수 있다!

"우리는 물과 식량을 너무 많이 사용한다. 하루 한 번이면 족할 식사를 두 번씩 하느라 그것을 준비하는 데 또한 많은 시간을 버린다." 테오도르 모노(프랑스 자연학자)

주부가, 세계적 문제들을 해결하고 지구의 미래를 위하는 일에 가장 효과적으로 참여할 수 있는 방법이 바로 요리다. 이것은 두말할 나위 없는 사실이다!

모든 주부가 어느 날 갑자기 쇠고기를 사지 않기로 결심

한다면, 지구상의 모든 사람을 먹여 살릴 만한 양의 곡물을 생산할 수 있는 막대한 땅이 확보된다! 주부들이 공산품을 쓰지 않기로 한다면, 슈퍼마켓이나 공산품을 운반하며 환경을 오염시키는 트럭들은 또한 어떻게 변하게 될까? 주부들이 동물성 지방이 몸에 해롭다는 사실을 포고/선언한다면, 얼마나 많은 의료보험 예산을 절약할 수 있겠는가? 동물성 지방이 든 식품들을 지나치게 먹어 생길 수 있는 당뇨 등의 질병을 예방하게 될 테니 말이다. 또 설탕 사용을 거부한다면, 광고계는 어떻게 살아남겠는가? 우리가 습관적으로 먹는 설탕의 양만 줄여도 광고산업은 파산할 거라고 한다. 설탕이 들어가지 않은 제품이 어디 있는가? 마요네즈, 토마토 케첩, 제과류, 겨자, 탄산음료, 파스타, 피자, 통조림 등 거의 모든 식품에 설탕이 들어 있다.

만일 주부들이 집에서 직접 요리를 한다면, 매일 아침 인도(人道)를 뒤덮는 쓰레기의 양은 어떻게 달라질까? 이 모든 가정이 현실이 된다면, 우리는 이 세상에서 가장 강력한 힘을 가진, 전쟁과 이윤을 좇는 광고주(후원자)들을 무더기로 넘어뜨릴 수 있다.

매일 두 번씩 식사를 준비해야 하는 것도 아니다. 저녁을 준비하면서 오믈렛 한 부분과 브로콜리 한 송이, 밥을 점심 도시락에 담아 두는 방법을 시도해 보자. 식사를 미리 계획해 두면 시간을 꽤 절약할 수 있다!

식당 음식이나 포장 음식보다 집에서 먹는 것이 돈이 덜 들고 영양가도 높다. 찬장에 서너 가지 다른 꿀을 가지고 있다면 꿀을 아주 좋아하는 애호가로 볼 수 있는데, 이 경우는 낭비가 아니다. 재료의 다양성이 또 다른 장점이기 때문이다. 하지만 보통은 그 다양성도 (만약의 경우를 대비한 것이 아니라) 실제 소비의 측면에서 적절히 절제하며 추구해야 한다. 이 절제란 우리 사회가 잊어버린 미덕인 듯하다.

건강에 좋은 음식(정어리, 양배추, 사과, 통밀가루, 말린 강낭콩, 발아곡물 등)은 싸고, 건강에 그다지 좋을 것 없는 음식(푸아그라, 돼지고기 요리 등)은 비싼 경우가 많다. (슈퍼마켓에 있는 '슈퍼' 사이즈의 식재료가 아니라) 노천시장에서 볼 수 있는 재료들은 건강을 위해서도, 살림을 위해서도 좋은 선택이다. 우리 몸에 가장 잘 맞는 음식은 자신이 사는 지역에서 나오는 것들로 만든 것이다.

카트와 찬장을 꽉 채우는 것을 피해라! 그런 낭비도 없다! 사람들은 점점 더 '친환경적 식도락'을 이야기한다. 잘 먹는다는 것은 건강하게 먹는 것인 동시에, 한마디로 '소박하게 먹는 것'을 뜻한다!

도시락

맞춤 식사

거의 모든 일본인은 도시락을 싸 가지고 다닌다. 아침에 등교하는 아이들은 물론이고, 출근하는 남편도 아내가 정성껏 준비한 도깨비 상자 같은 도시락을 들고 나선다. 몸매를 가꾸고 돈도 아끼려는 직장 여성들도 마찬가지다. 유치원생을 둔 엄마들은 도시락을 얼마나 더 예쁘고 기발하며 독창적으로 꾸몄는지를 서로 은근히 경쟁한다. 쌀밥에 김으로 판다의 얼굴을 그려 넣기도 하고, 하트 모양의 밥에 노릇하게 볶은 참깨로 아이 이름을 새겨 넣기도 한다. 일본인들은 네 살까지 입맛이 형성된다고 여겨, 이 시기에 가장 좋은 것들을 먹인다.

일본인들은 골프를 치러 가든, 공원에 놀러 가든, 일하러 가든, 해변에 가거나 강가를 거닐든, 가는 곳마다 도시락을 들고 가는 것을 좋아한다. 실제로 인간은 '먹을 것'을 들고 다닐 때 안정감을 느낀다. 게다가 도시락은 언제든지 원하는 곳에서 혼자 여유롭게 먹을 수 있지 않은가. 일본인들은 평소 갖고 다니던 손수건을 '집처럼' 편안한 분위기를 낼 수 있는 곳에 펴 식탁보 대신으로 활용하기도 한다.

사랑의 다른 표현

일본 여성들은 자신의 도시락에 대해 이야기하는 것을 좋아한다. 아침 일찍 일어나 준비해야 하는데도, 식사 준비와 달리 귀찮아 하지 않는다. 일본인 친구의 남편은 점심 도시락 먹는 재미로 회사에 다니는 거 아니냐고 자주 놀린다고 한다.

도시락은 하루를 멋지게 시작할 수 있게 할 뿐만 아니라, 입맛에 맞는 '맞춤형' 식사를 할 수 있다는 즐거움도 준다. 일본에는 칠기·원목·플라스틱 등 여러 재질의 도시락이 있고, 층층으로 된 것·칸칸으로 나뉜 것·길쭉한 것·납작한 것·타원형 등 모양도 다양하다. 어린이용은 크기가 보통 200센티리터, 성인용은 1200센티리터다. 내가 주로 사용하는 것은 300센티리터로 적당한 크기의 자몽만 하다.

도시락은 오전 내내 기대감을 품게 한다. 이 즐거움은 도시락을 가방(학생이라면 책가방에, 남편은 서류가방에, 소풍을 가는 친구들은 배낭에)에 넣는 순간 시작된다. 특히 아이들에게는 위뿐 아니라 마음도 가득 채워 줄 사랑의 징표다. 도시락을 싸는 것은 일종의 취미(요리의 창조적이고 미학적인 측면을 생각하면)이자 자신과 가족에 대한 사랑을 실천하는, 몸에 배면 좋을 습관이다.

서구 사람들은 샌드위치나 불량식품을 제대로 앉을 시간도 없이 급하게 서둘러 먹고는 자신을 위해 '제대로 된' 음식을 챙겨 먹지 못한 것에 죄책감을 느낀다. 하지만 일본인에게 도시락은 영국인이 즐기는 애프터눈 티(영국인의 전통적인 식사 습관. 점심과 저녁 사이에 밀크 티와 시나몬 토스트를 먹는다)처럼, 무슨 수를 써서라도 지켜 내는 진정 유쾌한 휴식 시간이다.

양은 적되, 다양한 재료로

도시락은 어떤 것이든 마음에 드는 것을 사용하면 된다. 잘 밀폐되기만 한다면 말이다. 손수건에 예쁘게 싸서 보기 좋게 매듭을 짓는다면 꽤 근사할 것이다. 일본인들이 완벽하다고 여기는 도시락은 다섯 가지 색깔을 담고 있는 것이다.

맛 못지않게 시각적 아름다움이 아주 중요하기 때문이다. 또한 다섯 가지 맛(짜고, 달고, 쓰고, 시고, 매운)이 있어야 하고, 다섯 가지 재료(곡물, 콩류, 채소, 과일, 단백질류)가 들어가야 하며, 다섯 가지 조리법(날것 외에 삶고, 끓이고, 튀기고, 절이고, 데친 것)이 포함되어야 한다. 이렇게 해서 오감을 만족시키는 것이다.

하지만 도시락을 준비하는 일은 실제로 훨씬 더 간단하다. 중요한 것은 양은 적되, 가능한 한 다양한 재료가 들어가게 만드는 것이다. 일본 여성들은 도시락을 싸기 위해 양배추, 모래무지 튀김, 시금치나 버섯, 쇠고기와 콩을 넣은 카레를 1회 분량으로 나누어 얼려 둔다. 주말에 몇 시간 짬을 내 이 모든 것을 준비한다. 가족이 많으면 도시락도 늘어나므로, 1년 뒤에 따져 본다면 도시락이 살림에 보탬이 된다는 점도 무시할 수는 없을 것이다.

한 주먹 정도 남은 송아지고기, 방울토마토, 파테(간 고기나 생선살 등에 도우를 입혀 오븐에 구워 낸 것-옮긴이) 한 조각, 작은 오이 등 실제로 이 모든 것이 도시락 재료가 될 수 있다. 한 가지 피해야 할 음식이 있다면 물기가 너무 많은 것이다. 자칫하다간 핸드백 안감을 버릴 수 있으니 말이다!

도시락을 싸는 것은 모든 사람이 손쉽게 접근할 수 있는 대중적이고 실용적인 실천으로, '선(禪)' 사상의 여유를 즐기는 방법이기도 하다. 모든 것을 미리 대비해 두어 다른 사람에게 의지하지 않고 책임을 질 수 있는 방법이자, 낭비하지 않고 생기 넘치는 태도로 능숙하게 건강을 돌볼 수 있는 방법이다.

도시락 식단

여름 도시락

닭고기 타블레(간 밀, 쿠스쿠스, 파슬리, 박하, 양파, 잘게 자른 토마토 등에 올리브 오일과 레몬 즙을 뿌려 만드는 시리아-레바논식 요리), 건포도, 채 썬 당근에 햄 또는 찬 생선(훈제 송어 등)을 곁들인다.

겨울 도시락

돼지고기를 1×5센티미터 크기로 잘라 돈가스를 만든다. 밥 위에 돈가스를 빼곡히 덮는다. 간장과 꿀을 시럽처럼 끓여 만든 소스를 뿌린다.

별미 도시락

밥, 마요네즈로 버무린 꽃양배추, 모래무지 튀김, 달걀 반 개, 작은 새우 두 마리로 만든 달걀말이, 방울토마토 한 개, 강낭콩 다섯 개, 훈제 연어 한 조각, 매실장아찌 한 개, 소금에 절인 살구.

쇠고기 덮밥

스크램블 에그 1/3, 마름모꼴로 잘라 버터 약간과 후추를 넣

어 볶은 껍질콩 1/3, 간장 1테이블스푼과 설탕 2테이블스푼
으로 만든 소스에 재운 다진 쇠고기 볶음 1/3을 밥 위에 얹
는다.

감자 샐러드

찐 감자와 삶은 달걀 으깬 것에 얇게 썬 오이, 소금, 후추, 마
요네즈를 넣어 섞는다.

식단 짜기

삶의 기본 태도

"식단을 잘 짜는 일은 흔히 생각하는 것보다 더 중요하다. 오래 깊이 잘 생각해야 제대로 짤 수 있다. 식단은 정확하게 표현되고, 쉽게 이해할 수 있으며, 현실적으로 조합이 되게 구성되어야 한다. 요리가 제각각 따로 놀지 않도록 조화롭게 말이다. 한마디로 식단의 구성을 통해 식사의 중요성과 음식의 가치에 대해 정확하게 개념을 세울 수 있어야 한다." 고서 《부족함 없이 절약하기》

영양학자들은 매일 영양학적으로 균형 잡힌 식단을 짜야 한다고 강조한다. 하지만 적게 골고루 먹는다면, 영양의 균형을 맞추었는지 알아보기 위해 설문지에 열심히 '예/아니오'를 체크할 필요는 없다. 좋은 한 끼 식사란 맛있는 음식을 천천히 즐겁게 먹을 수 있으면 된다. 그 과정에서 중요한 것은 습관으로 기르고, 그렇지 않은 것은 버림으로써 인생의 진정한 의미를 발견해 낼 수 있다.

영양학적으로 완전하면서도 우아하게 절약하고 품위 있게 먹는 식사는, 삶을 소박하면서 충만한 시간들로 채운다. 자신의 식단을 짤 줄 아는 것은 건강한 식생활과 인생의 균형을 위한 기본 태도다. 그렇다고 매일 균형 잡힌 식사를 준비하기 위해 요리의 달인이 되어야 한다는 뜻은 아니다. 몇 가지 상식적인 규칙만 지키고 필요한 도구를 잘 갖추면 된다. 적게 먹고, 음식을 미리 준비해 두거나 얼려 두고, '유목민'처럼 음식을 가지고 다니는 식습관에 익숙해졌다면, 이제 자신의 건강을 위해 직접 요리할 때다.

규칙 세우기

"그것은 매일 두세 번씩, 생명을 살찌우기 위한 일이다. 그러니 우리가 온 정성을 기울여야 할 일이다." 마르그리트 유르스나르 《하드리아누스 황제의 회상록》

주부들의 가장 큰 고민은 늘 무엇을 해 먹을까이다. 자기만의 영양 섭취 방식을 세워 두지 않은 이들이라면 죽을 때까지 이 문제와 씨름하게 될 것이다. 50년 동안 하루에 평균 두 번씩 무엇을 먹어야 할지 걱정한다면, 이 질문을 36만 500번이나 하게 되는 셈이다. 식사에 대한 하나의 프로그램(원할 때는 언제든 바꿀 수 있다), 식단표, 간단하면서도 영양학적인 규칙들을 미리 세워 두는 것이 좋다.

곡물, 단백질, 채소 한 가지씩

"인간은 자기 고통의 장본인이듯, 자기 행복의 첫 번째 장본인이다." 엘샹제 추기경(프랑스 대주교)

밥 한 공기, 작은 생선 한 마리, 무 하나……. 장을 볼 때와 마찬가지로, 식단을 짤 때 이 세 가지를 기억해라. 곡물 한 가지, 단백질 한 가지, 채소 한 가지를 꼭 넣는다는 원칙은 아주 간단하면서도 얼마든지 변형할 수 있다. 복잡하게 영양학적으로 계산하지 않고도 균형을 유지할 수 있도록 해 준다. 또한 다양한 양념과 향신료(기름, 호두, 말린 과일, 허브, 올리브 등)를 곁들인 곡물, 단백질, 채소 이 세 가지는 체계적으로 식사를 할 수 있게 해 준다. 무분별한 식습관으로 생긴 수많

은 질병이 이 작은 원칙을 세우는 것만으로 간단하게 예방
될 수 있을 것이다!

　그렇다고 해서 매일 '균형 잡힌' 식사를 해야 한다는 의무
감에 사로잡히지는 마라. 굴레 하나만 덧씌우게 된다. 우리
몸은 흡수한 영양분을 여러 날에 걸쳐 나누어 사용하고, 필
요한 경우 비축도 한다. 특히 비타민과 미네랄 등은 간에 비
축된다. 따라서 몸에 필요한 모든 것을 단 하루에 섭취할 수
는 없다!

곡물 종류

쌀, 퀴노아, 불구르(찐 밀을 말려 빻은 것. 터키를 비롯한 중동 지역
의 요리에 자주 쓰인다-옮긴이), 국수, 빵, 콩류(렌즈콩, 병아리콩,
두 쪽으로 쪼개 말린 완두콩 등)

단백질 종류

치즈, 달걀, 쇠고기, 생선, 두부, 콩류(렌즈콩·강낭콩·말린 완두콩
등은 곡물인 동시에 단백질 음식으로 간주된다)

채소 종류

잎채소, 뿌리채소, 줄기채소 등

과일의 효소를 잘 흡수하려면, 과일만큼은 식사와 별도로 먹어야 한다. 하지만 딸기나 베리류의 붉은색 과일이나 잘 익은 과일들은 다른 음식과 함께 먹어도 된다.

맥주는 유사 곡물

중국 베이징에서는 식당에서 주문할 때 우선 맥주, 쌀밥, 밀을 주재료로 만든 '교자'라는 만두 가운데 하나를 골라야 한다. 맥주를 홉(뽕나뭇과의 여러해살이 덩굴풀. 열매는 약재나 맥주 원료로 쓰인다-옮긴이)으로 만들기 때문에, 맥주는 곡물과 비슷한 것으로 간주된다. 그래서 맥주를 선택했다면 밥은 필요가 없다. 밥을 선택했다면 맥주는 필요 없고 말이다. 그러고 나서야 함께 곁들여 먹을 온갖 자잘한 반찬류를 메뉴에서 고를 수 있다.

참신한 식사

적게 먹을수록, 더 다양한 식사를 준비할 수 있다. 지중해식 식단에 올리브빵을, 녹인 치즈에 호두빵을 혹은 해물모듬요리에 호밀빵을 곁들여 내는 일에 아인슈타인처럼 머리를 써야 하는 것은 아니다. 다만 각각의 음식과 거기에 들어가는 다양한 재료가 서로 조화를 이루어, 즐겁고 참신한 식사를 하면 그만이다. 푸아그라 한 조각, 치커리 샐러드, 토스트, 보르도 와인 정도면, 아주 간단하지만 훌륭한 저녁 차림이다. 혹은 집에서 만든 미니피자(원조 피자는 도우에 토마토 조금과 치즈 조각 정도만 얹어 만들어진 것이다)와 샴페인 한 잔 정도로도 충분하다.

중요한 것은 늘 쳇바퀴 돌듯 지루하게 '전채 요리, 주요리, 샐러드, 치즈, 디저트' 등으로 의례적인 순서를 따르기보다, 늘 즐겁고, 단순하며, 독창적인 무언가를 함께 결부시키려 노력하는 것이다. 꽃상추 위에 양젖으로 만든 로크포르 치즈를 얹었다면, 식사가 끝날 무렵 또다시 치즈를 먹을 필요는 없다. 또 파티 끝 무렵이나 아침 식사 때에 가볍게 디저트 음식을 먹을 수 있다.

집에 허브를 적어도 네다섯 종류 늘 준비해 두는 것도 좋다. 실파를 넣은 오믈렛, 회향을 넣은 포타지(고기·채소 따위를 넣어 진하게 끓인 수프-옮긴이), 파슬리를 넣은 소스, 바질을 넣은 샐러드 등을 만들 때 요긴하다. 발코니나 창가에 허브 화분을 두어 키워 보는 것은 어떨까.

계절과 자연에 순응할 것

"새해의 첫날 / 오래된 주전자에 담긴 / 꽃향기의 차" 샹탈 페레상-루딜의 하이쿠

미식가였던 그리모드 드 라 레이니에르가 1803년에서 1812년까지 펴낸《미식가 연감》에는 매달 먹을 수 있는 식재료에 대해 상세히 기록해 둔 '영양 달력'이 실려 있다. 파리 구석구석 맛집을 찾아다닌 이야기가 담긴 〈맛 기행〉이라는 글도 있다. 우리도 계절에 맞는 식단을 계획할 수 있다. 여름에는 나들이 가서 풍성한 샐러드 먹기, 가을에는 버섯 따기, 겨울에는 모닥불에 밤과 해산물 구워 먹기, 봄에는 연하고 싱그러운 민들레 샐러드 만들기 등 계절뿐 아니라 계절 음식을 즐길 수 있다. 계절이 지나가는 '흔적'을 남기며 단 한 번 절정에 오르는 그 아름다운 순간을 누리지 못하는 것은 얼마나 안타까운 일인가.

삶이 권태로우면 건강에 좋지 않은 음식을 먹게 되어 병에 걸리기 쉽다. 기분도 내내 축 가라앉아 어떤 감정적 상태에서 벗어나지 못할 때도 있다. 몸에 없어서는 안 될 영양소를 잃게 되기도 하고 말이다. 그러니 이제부터라도 몇 가지 종교적인 전통을 되살려 보는 것은 어떨까? 주된 목적은 우리의 욕망을 다스리고, 낭비하지 않으며, 병을 예방하는 데 있

다. 예를 들면 월요일에는 주말에 푸짐하게 먹고 남은 음식을 먹어 없애고, 금요일과 사순절 기간에는 육식을 금한다. 라마단 금식을 하거나 인도인들처럼 정기적으로 단식을 하는 것도 좋겠다. 인도인들은 자신의 종교에 따라 일 년 중 특정 기간에 금식을 한다. 그런 날이 120일이 넘는다고 한다!

이러한 오랜 전통들은 모두 아주 단순하고 또한 합리적이다. 더욱이 특정 기간에 특정 음식을 결정해 둠으로써 무엇을 먹어야 할지 고민스럽지 않게 한다. 각 계절과 축제일, 기념일들 사이에 다양한 음식을 즐길 기회는 얼마든지 있다. 자연에 순응하고, 관습을 따르는 동안 우리는 식사를 시처럼 아름답게 만들 수 있다.

부엌에서

작을수록 편리한 곳

"일상의 가장 보잘것없는 일들 속에서도 항상 신을 경배하려고 노력하라! 비질을 하거나 목욕을 하거나 요리를 하는 순간은 신에 대한 존경과 헌신을 표현할 기회다. 그 신이란 바로, 자신일 수도 있다." 츠다 이츠오(기 철학자)《침묵의 대화》

평소에 요리하고 싶은 마음이 들려면, 간소하더라도 실용적이고 기능적인 부엌이 있어야 한다. 그래야 들어설 때마다 기분이 좋아져 자연히 요리하게 될 테니 말이다. 이런 부엌은 인생을 예찬하고 온갖 즐거운 실험을 하게 만드는 장소다. 너무 크지도, 정밀할 필요도 없다. 요즘은 아이러니하게도 부엌이 잘 갖춰져 있을수록, 여성들이 요리를 잘 하지 않는 것처럼 보인다. 하지만 부엌은 집 안의 어떤 장소보다도 그 집의 속 혹은 '온기'가 느껴지는 곳이다. 우리의 생명을 유지하는 데 필요한, 가장 생동감 넘치는 활동이 그곳에서 이루어진다.

잘 '갖춰진' 부엌이란 번쩍거리는 최신형의 신기한 조리 기구에 냄비가 층층이 쌓여 있고, 12종 칼 세트가 있는 곳을 말하는 것이 아니다. 우리가 어떤 기분이든, 매일 요리를 하고 싶어지는 공간을 말한다. 보통의 통념과 달리, 부엌은 작을수록 더 편리하다. 가스레인지에서 개수대로, 냉장고에서 조리대까지 조금만 움직이면 되는 부엌이 이상적이다.

어떤 사람들은 바로 식사를 할 수 있는 공간까지 같이 두고 싶어 하지만, 나를 포함한 어떤 이들은 불 위에 놓인 냄비를 바라보거나 생선 굽는 냄새를 맡으면서 식사하는 것을 좋아하지 않는다. 요리를 하는 것과 식사를 하는 것은 다른 일이다. 각각의 때가 있고, 적절한 장소가 따로 있다!

프라이팬은 적을수록 좋다

부엌을 구성할 때 맨 처음 생각할 점은 스트레스나 부담감을 느끼지 않고 매일 식사 준비를 하는 공간으로 만들어야 한다는 것이다. 요리 자체가 크게 고생스럽다기보다는 그 외에도 할 일이 많다는 걸 감안해야 한다. 장을 봐 재료를 준비하고, 채소를 씻고, 조리대를 닦고, 가스레인지 배기구를 깨끗이 하고, 부엌 바닥을 닦고, 조리 기구를 정리하고, 설거지를 하고, 남은 식재료를 잘 저장해 두는 등의 일 말이다.

접시나 프라이팬, 냄비 등은 적을수록 살기에 더 편하다. 적은 양으로 조금씩 음식을 해 먹는다면, 공간도 절약할 수 있다. 작은 솥, 작은 냄비, 작은 볼 정도만 있으면 되기 때문이다. '자연식품'을 더 많이 먹을수록, 온갖 소스와 분말·냉동식품·통조림·밀가루 등을 쌓아 둘 필요가 없어진다. 그러면 더 자주 요리하게 될 것이다!

작은 바구니 활용하기

우리 집에는 대나무로 짠 작은 바구니가 하나 있다. 여기에 요리할 때 늘 쓰는 기름, 식초, 소금, 후추, 간장, 겨자, 생강분 등이 담긴 작은 병들을 모아 두었다. 이 양념병들은 다루기에 좋을 뿐 아니라, 다양한 양념을 적당한 양으로 잘 사용할 수 있게 해 준다. 또한 찬장을 여닫지 않아도 되어 손이 더 자유롭다. 어떤 사람은 기름, 식초, 조미료통들을 항상 조리대 위에 두는데, 그러면 주변이 쉽게 끈적거려 더러워지고 공간만 차지하기도 한다. 양념통들을 작은 바구니에 담아 손이 닿을 만한 곳에 둔다면, 소금을 찾거나 스튜에 후추를 조금 넣으려다가 오믈렛을 태우는 일은 없을 것이다. 다양한 향신료를 자주 쓴다면, 별도의 작은 바구니에 아끼는 향신료들을 모아 두는 것도 좋다.

이러한 정리 방식은 너무 큰 용량의 제품을 사서 맛과 신선도를 쉽게 잃어버리는 일도 막아 준다. 카르다몸(생강과 식물 혹은 그 열매-옮긴이)이나 강황은 몇 그램이면 요리에 향을 더해 주는데, 한 봉지를 사면 몇 달 동안 쓸 수 있다. 내 경우 일단 요리가 끝나면 양념통이 담긴 바구니는 제자리에 도로 갖다 놓는다. 기름이나 식초는 좋은 것을 사되 주로 작은 용량으로 사고, 품목별로 세 가지씩 사야 한다는 식의 생각은 오래전에 버렸다. 그 대신 다양한 제철 채소를 사는 것을 좋아한다. 마요네즈만 빼고 거의 모든 소스는 기분에 따라 배합을 바꾸어 가며, 직접 만들어서 쓴다. 마요네즈는 튜브에 담긴 것이 더 나은데, 사용하기에 편리하기 때문이다.

조리 기구는 편리하게 배치

칼은 도마 옆에 두고, 믹싱 볼과 작은 채, 작은 알루미늄 용기도 가까운 곳에 둬라. 준비한 채소를 담거나 고기를 재우거나 재료를 준비하고 남은 껍질 등을 담기에 좋기 때문이다. 또한 이 모든 것은 가능한 한 개수대와 가까운 곳에 둬라. 별것 아닌 이런 배치가 큰 수고를 줄이고, 동선을 줄여 시간도 아낄 수 있게 한다! '놀이'를 할 때처럼 새로운 즐거움을 경험하게 될 것이다.

일본인 친구들이 몇 가지 작은 규칙을 알려 준 적이 있다. 고기용 도마와 채소용 도마를 따로 구분해 두면, 냄새가 서로 섞이는 것을 막을 수 있다. 생선은 도마에 랩을 씌워서 손질하고, 찌꺼기는 신문지에 싸 비닐봉지에 담으면 쓰레기통을 더럽히지 않고 냄새도 막을 수 있다. 이렇게 세세한 팁과 '프로'다운 기술들 덕에 나는 자그마한 내 부엌에 들어서는 일을 즐기게 되었다.

순서에 따라서 요령 있게 차근차근 요리하는 것은 이제 나에게 성스러운 의식이 되었다. 이때의 행복은 깊은 감명에서 비롯된다. 물건은 저마다 제가 있어야 할 자리에 놓여 있고, 나를 위해 꼭 맞게 준비되어 있다. 지름 20센티미터인 프라이팬은 두서너 명분을 조리하기에 알맞다. 작은 냄비와 마찬가지로 작은 프라이팬은 가벼워 어릴 때 소꿉놀이를 할 때처럼, 즐거운 마음으로 사용하게 된다. 이런 비밀을 알게 된 이후 요리가 얼마나 더 즐거워졌는지 모른다. 모든 것을 더 작은 크기로 줄이자.

냉장고를 비우자

현대화되면서 냉장고는 점점 더 커졌다. 우리는 왜 일개 연대를 먹이고도 남을 만큼 많은 음식을 비축해 두어야만 하는 걸까! 사흘에 한 번 신선한 재료들을 산다면, 작은 냉장고로도 충분하다. 찬장 안에는 수많은 식재료가 쌓여 있고, 냉장고에도 왜 거기에 있는지 아무도 모르는 많은 제품(겨자, 마요네즈, 달걀 등)이 숨겨져 있다.

다음번에 냉장고를 살 때는 필요 이상으로 크지 않도록 해라. 대형 냉장고는 꽉 채우지 않는 한 소형에 비해 열 손실도, 전력 소모도 크다. 결정적으로 냉장고가 너무 크면, 거기에 무엇이 들어 있는지 잘 잊어버린다. 한 중국인 요리사는 티브이에 나와서, (우리가 장을 비우듯이) 사흘이나 나흘에 한 번씩 냉장고를 완전히 '비워', 장을 보기 전날에 아무것도 남지 않도록 해야 한다고 조언했다. 중국인들에게 먹는 것이란, 우선 가장 신선한 식품을 준비하는 일에서부터 시작된다. 그리고 낭비하지 않는 것이다.

"다 먹었느냐?" "네." "그럼, 대접을 씻으러 가거라." **선종 스님과 제자의 대화**

일본의 한 절에서 며칠 동안 머무르면서 나는 지나친 괴벽이라 할지도 모를 것들을 배우게 되었다. 그중 하나가 행주에 관한 것이다. 대개 무심코 지나치는 이 물건은 부엌 여기저기에 굴러다니며 넘친 국물, 뒤죽박죽인 것, 더러운 것들을 치워 낸다. 그런데 일본인들은 청결이 제2의 천성인 탓에 씻고, 닦고, 먼지가 앉는 것을 막기 위해 쓰는 모든 도구와 행주, 냅킨 등을 청결하게 하는 것에 각별히 신경을 쓴다.

일례로 작은 행주를 늘 준비해 두는데, 이 행주는 손수건보다 크지 않고, 물에 적셔 놓는다. 요리하다 쓴 칼을 잠시 놓아두거나 씻은 그릇을 닦을 때, 우묵한 그릇에 먼지가 쌓이지 않도록 덮어 두는 데 쓰인다. 행주를 더 깨끗이 쓰려면 약간 낡은 흰색 순면으로 고르는 것이 좋다. 흡수력이 좋기 때문이다. 물론 얇은 면으로 된 거즈를 두 장 겹쳐서 직접 만들 수도 있다.

행주는 매일 저녁 스테인리스 양푼이나 개수대에 주방 세제를 몇 방울 떨어뜨린 후 다음 날 아침까지 담가 둬라. 아침에 행주를 꺼내 펼쳐 두면 저녁에는 말라, 다시 제자리에 두고 쓸 수 있는 상태가 된다. 일본에서 부엌의 행주를 다른 빨랫감과 함께 빠는 것은 상상도 할 수 없는 일이다. 다림질을 하고 접어서 정리하는 데 걸리는 시간의 낭비는 말할 것도 없다!

닦고 정리하면서 느끼는 것들

"어느 여인의 / 냄비 닦는 소리가 / 개구리 우는 소리와 어우러진다." **어느 여관에서 본 하이쿠**

요리를 하면서 바로바로 씻는다면, 음식을 익혀 식탁으로 내가는 동안, 주방은 말끔한 상태일 것이다. 설거지할 때마다 조리 도구를 아름답고 정밀하게 만들어 낸 사람에게 감사해라. 이를 애지중지하는 보물처럼, 정성껏 닦으라는 것이 선 사상의 가르침이다. 좋은 기구들은 실제로 아름답고, 기억에 남을 만하며, 또한 멋진 식사를 준비할 수 있도록 해 준다. 집안일이 우리를 안정시키는 데 얼마나 큰 영향을 끼치는지 이해하는 날이 오면, 그 가치는 재평가될 것이다.

살면서 느끼는 허무함이나 우울증에 구체적인 해결책을 가져다주는 것은 의외로 현실적인 소소한 일들이다. 실제로 인생을 더욱 아름답고 풍요로우며 생기 있게 만드는 건 아주 간단하다! 예를 들면 잘 정리된 부엌은 우리의 정신 상태를 조화롭게 한다. 군대식의 규율을 뜻하는 것이 아니다. 정리를 잘하면 조화로운 상태에서 잘 살 수 있다는 말이다. 한구석에는 조리 기구들을 모아 놓고, 다른 곳에는 음식을 담는 접시나 그릇들을, 또 한 곳에는 식탁을 장식하는 데 필요한 것들(테이블보, 쟁반, 양초, 냅킨, 포크, 나이프, 나이프 받침, 젓가락 받침 등)을 차곡차곡 쌓아 두면, 요리라는 집안일이 또 하나의 고귀한 일이 될 수 있다.

수십 년간 써 이제는 거뭇거뭇 그을음이 앉은 오래된 작은 팬은 자연스럽게 기름이 배어 멋지게 매끈거리며, 옆에 잘 접어 둔 새하얀 행주에선 날이 선 칼이 번쩍거린다. 이처럼 서로 다른 조리 기구들을 주의를 기울여 정리해 놓은 것이 나에게는 진정 예술적인 조합으로 보인다. 그것은 마음을 편안하게 하고, 위로해 주며, 감동을 주는 하나의 그림과 같다. 각각의 기구를 만든 장인과 기구들이 만들어 낸 수많은 요리를 생각하는 한편, 묵묵히 수종을 드는 충성스러운 하인처럼 그 기구들이 매일 나에게 바치는 충성에 고마워한다.

진짜 사용하는 것들만 남기자

식구가 서너 명 이상이거나 그 정도로 손님을 초대한다고
해도, 산더미 같은 조리 기구가 필요하지는 않다. 작은 냄비
와 팬 하나면 수많은 요리를 할 수 있다. 여기에 크고 우묵한
샐러드 그릇과 케이크 접시 하나가 있으면 충분하다. 누구
나 알다시피 우리는 늘 변하기 쉬운 인생의 상황에 적응할
줄 알아야 한다. 자신의 손에 잘 맞고, 만지거나 보관을 하는
데서 기쁨을 느끼는, 좋아하는 기구, 특히 실제로 '사용하는'
기구만 남겨 둬라.

요리해 볼까?

반조리의 매력

> "나팔꽃을 앞에 두고 / 나는 밥을 먹어야 하는 인간이다 / 소박한 밥상일지언정." **마츠오 바쇼(일본 하이쿠 시인)**

자고로 반쯤 벌린 꽃잎이 더 아름답고, 절반쯤 오른 취기가 더 흥겨운 법이다. 이처럼 절반의 매력은 얼마나 큰지! 마찬가지로 걸리는 시간은 짧지만 제대로 된 요리를 만들 수 있는 반조리의 매력도 그야말로 무한하다. 시간이 부족하거나 요리할 의욕이 별로 없다면, '반조리'라는 요리법을 이용해 보자. 재료 준비와 조리에 걸리는 시간을 최소화하면서도, 맛있고 몸에 좋은 요리를 만들 수 있다. 약 15분이면 요리 하나가 뚝딱 완성되는데, 꼭 달인이어야 할 수 있는 것도 아니다. 그저 약간의 센스만 발휘하면 된다. 정어리 통조림과 맛있는 토마토 파스타 한 가지면, 15분 만에 왕의 만찬에 비견될 만한 요리를 차려 낼 수 있다. 이토록 맛있는 음식이 그렇게 간단하고 기본적인 기술로 만들어졌으리라고는 아무도 상상하지 못할 것이다!

물론 반조리한 음식을 고급요리나 친구들과 먹은 푸짐한 식사, 전문 요리사의 요리와 비교할 수는 없다. 요리 자체로 하나의 완전한 예술이긴 하지만, 모든 사람이 매일 요리를 하고 싶어 하는 것은 아니다. 게다가 하고 싶어도 시간과 형편이 허락하지 않을 때도 많다. 그러므로 사 먹는 음식에 신물이 났거나, 건강에 좋은 음식을 먹으면서도 산더미 같은 설거지거리에 파묻히지 않고, 요리에 드는 시간과 비용을 줄이려는 사람에게는 반조리가 이상적인 대안이 될 것이다.

하지만 경험상, 한 가지 주의할 점이 있다. 최소한의 시간과 재료와 기술로 요리하더라도, 적어도 초반에는 맛있는 음식을 만들기 위해 최선을 다해야 한다는 것이다. 자신이 요리한 음식이 시간도 오래 걸리고 맛도 없고 영양가도 별로라면 다시 이전의 나쁜 식습관으로 돌아가기 십상이기 때문이다. 그렇게 되면 집에 있는 접시와 오븐은 내버려 두고, 또다시 가공식품이나 패스트푸드, 햄, 소시지 등으로 연명하게 될 것이다.

무엇이든 시작이 어렵다. 다시 한 번 말하지만, 노력을 기울여야 보상을 받고 변화도 가능하다.

단순하게 하기

"투명한 불꽃이 / 색을 입히네 / 구운 정어리에." **히노 소죠(일본 하이쿠 시인)**

다 버리고도 풍요함을 누릴 수 있다면 그것이야말로 진정한 부유함이다. 요리에서도 같은 원리가 적용된다. 키워드는 바로 단순함이다.

생선을 구울 때는 소금 간을 하지 않거나 아주 약하게 간을 하는 습관을 들여라. 그리고 팬에서 한 번만 뒤집어 익히는 법을 알아야 한다. 라임 한 조각과 삶은 감자, 프렌치드레싱으로 맛을 내고, 파를 곁들여 내는 것도 기억해 둘 점이다. 그런데 무엇보다 먼저 알아야 할 것은, 이렇게 구워진 생선한 토막이 쇠고기 요리보다 훨씬 더 만들기 쉽고, 건강에도 좋다는 점이다!

맛 좋은 파스타가 있다면(신선한 면일수록 더 좋다), 거기에 버터 조금과 아스파라거스, 올리브 오일을 조금 넣고, 숙성된 파르메산 치즈를 강판으로 갈아서 넣으면 진수성찬이 된다. 간단하게 먹는다는 것은 떼어 낸 석류 알이나 설탕을 뿌린 딸기 한 그릇과 좋은 샴페인을 전채로 내고, 아직 따끈한 바게트에 버터 한 조각과 맛 좋은 렌즈콩 수프를 먹는 정도를 말한다. 어떤가? 이만하면 충만 그 자체이지 않은가.

이렇듯 풍요로운 삶의 비법은 아주 소박한 데에 있는 경우가 많다. 신선하고 맛있는 몇 가지 음식이면 충분하다.

일본 요리사들은, 재료 고유의 맛이 좋으면 거기에 다른 것을 첨가하지 않는다. 그것이 일본 요리의 기본 원칙이다. 맛을 첨가하는 대신 쓴맛, 불쾌한 냄새 등을 제거하기만 한다. 혹은 어떤 맛을 첨가했는지 모를 정도로 '아주 미세하게' 더하는 수준이다. 가령 '9브릭스'의 토마토(브릭스란 과일이나 채소에 들어 있는 당도를 나타내는 단위. 보통 토마토 당도는 3.5브릭스다)라면 별 다섯 개의 식당에서도 '그대로' 내놓을 것이다. 그 대신 먹음직스럽게 잘라 얇게 편 얼음 위에 얹고, 햇소금으로 약간 맛을 돋우는 정도리라.

품질 좋고 구하기 쉬운 몇 가지 재료와 거기에 잘 어울리는 식기를 고른다면, 그것이 소박하면서 건강에도 좋은 상차림이다. 이 단순함 속에서 우리는 자연에 더 가까이 다가 갈 수 있고, 인생의 참맛도 맛볼 수 있다.

요리책을 버려라

"가장 고급스러운 요리책도 가장 소박한 식사를 대신할 수는 없다." 올더스 헉슬리(영국 소설가)

잡지나 인터넷을 뒤져 찾아내거나 친구와 가족들에게서 전수받는 등 요리법에 대한 정보를 얻을 곳은 점점 더 많아진다. 이제는 아주 현기증이 날 지경이다. 정보가 밀어닥쳐 자신만의 기준과 상식을 잃어버리고, 우리가 날 때부터 가지고 있던 창의력도 점점 더 퇴화되었다. 다른 수많은 욕구(쾌락이나 행복, 변화 등에 대한 욕구)와 마찬가지로, 요리법도 하나의 유행처럼 변해 우리에게 끊임없이 속삭인다. "바꿔 보세요, 써 보세요, 사 보세요." 우리의 증조할머니 세대에서는 요리책이라는 것이 없었다. 그분들은 그저 가족들을 위해서, 제철에 구할 수 있는 재료와 수확물들을 이용해 요리했다. 부모 세대에게 물려받은 지식과 상식만을 따랐던 것이다.

일본에는 "배우는 것과 실천하는 것은 다르다"는 유명한 말이 있다. 이 격언에 따라 어느 날 나는 작정을 하고 건강에 좋을 것 같은 몇 가지 요리법만 적어 두고, 요리책들을 몽땅 버렸다. 그중 대부분은 멋진 사진에 반해 사들인 것이었다.

나는 시장에서 산 재료의 종류에 따라서 '즉흥적으로' 요리하는 것을 더 좋아한다. 가끔 메모해 둔 수첩을 보기는 하지만 말이다. 이 방법이야말로 맛있고 건강에 좋은 음식을 만들고, 몸과 마음의 균형을 찾을 수 있는 최고의 비결이다.

단순하게 요리하면 생각처럼 많은 레시피나 테크닉이 필요하지 않다. 뜨겁게 달군 팬에 물기가 덜 빠진 생채소 잎을 넣었을 때는 바로 뚜껑을 닫아야 한다거나, 스튜냄비에 물을 넣기 전에 고기 조금과 채소를 먼저 넣어 약한 불로 익혀야 한다거나, 브로콜리소스는 빠른 시간 안에 만들어야 한다는 정도의 기술이면 충분하다.

중요한 소스

큰 식당에서 소스 전문 요리사는 상당히 서열이 높은 편이다. 왜냐하면 대부분 요리에서 탁월한 맛을 살리는 비법이 소스에 있기 때문이다. 이뿐만 아니라 매일 먹는 소박한 음식에서도 소스는 풍성한 요리를 만드는 데 핵심 역할을 한다. 이미 수년 전에 소스 요리의 대가 마리안 코몰리가 말했듯이, 소스의 비밀스러운 임무는 바로 평범한 요리의 맛을 살리는 것이다. 따라서 베아르네즈소스(백포도주, 타라곤, 달걀노른자, 버터, 식초, 양파 등을 넣어 만든 소스-옮긴이), 레몬소스, 그 밖에 채소나 과일 소스 등 몇 가지 간단한 소스 제조법을 배워 둔다면 두고두고 유용하게 쓸 수 있다. 이런 소스를 만드는 데는 작은 믹서 하나만 있으면 된다. 남는 것은 곧장 큰 얼음 틀에 부어서 냉동용 봉투를 씌어 보관하자.

다만 모든 음식에 소스를 곁들여 내는 것은 피해야 한다. 그래야 아보카도가 그 자체로 충분히 맛있다는 사실을 알 수 있다. 정 요리를 하고 싶다면, 잘 어울리는 소스를 골라 건강에 좋고 영양도 풍부해지는 방법으로 조리하자. 요즘 조리법 추세는 '주재료 외에는 최소한만 넣거나 아무것도 넣지 않는' 것인지라, 그 어느 때보다 설탕과 지방은 설 자리가 없는 실정이다. 이 사실을 기억한다면, 오븐이나 불에 구운 고기든 기름종이에 싸서 익힌 고기든 영양 만점의 맛있는 소스를 더해 완벽한 요리를 만들 수 있을 것이다. 소스 한 숟가락이면 칼로리를 최소화하면서도 맛의 즐거움은 최대한 누릴 수 있다. 이런 요리법에 대해 마리안은 "간단함이 곧 무미함이나 지루함은 아니다. 그 반대로 정제됨이다"고 결론 내렸다.

채소는 조심조심 다룰 것

"상추 한 잎이라도, 나는 감사해 한다. 그것이 피가 되고 살이 되어, 내게 힘을 주기 때문이다." **츠다 이츠오《침묵의 대화》**

일본 전통가옥의 거실에는 '도코노마'라는 일종의 내실이 있다. 예술작품 등을 장식해 두는 장소로 활용된다. 보통은 족자 그림 한 점과 꽃꽂이한 꽃병 혹은 작은 조각상을 놓아 둔다. 가끔은 꽃병 대신에 파 한 단이나 잎사귀 달린 검정 무, 애호박 등을 두기도 한다. 이는 채소도 일본인들에게는 감탄스럽고 소중한 대상임을 보여 준다.

내게 요리를 가르쳐 준 일본인 한 아주머니는 늘 정성을 다해 최대한 조심스럽게 채소를 다룬다고 했다. 까닭을 물으니 그 채소를 '다치게' 하고 싶지 않아서라는 것이다. 실제로 요리할 때 가장 큰 주의를 기울여야 하는 것이 채소라는 점은 더 말할 필요도 없는 상식이다.

일본 주부들은 채소의 맛을 살리면서도 자연스럽고 보기 좋게 담아내기 위해 온갖 노하우를 동원한다. 가령 구운 가지 요리의 경우 비록 젓가락으로 집어 올려 한 입에 먹을 수 있는 크기로 세심하게 잘라 두었더라도, 가지 본래의 모습을 최대한 살려서 담아내는 식이다. 그래서 요리의 색이나

모양을 돋보이게 해 줄 도기나 자기 혹은 유리그릇도 골라
서 쓴다. 초절임을 한 흰 무는 검은색 종지에 담아내고, 분홍
색으로 물들인 생강은 파스텔 톤의 도기에, '히지키'라고 하
는(윤기 나는 밝은 갈색의) 톳나물 초절임은 깊은 바다 색깔을
띠는 우묵한 무광 그릇에 담아낸다.

물론 텃밭의 채소!

> "모란꽃 앞에서 사과 한 입 베어 무노라면, 이제 나 죽은들 어떠하
> 리?" 마사오카 시키(일본의 시인이자 국어학 연구가)《107편의 하이쿠》

우리는 흔히 '좋은 품질'과 사치품을 혼동하는 경향이 있다.
하지만 이 둘은 전혀 다르다. 점심으로 먹으려고 눈을 맞으
며 콘샐러드를 따 보았는가? 그 아삭한 맛은 정원에서 직접
수확하지 않고는 느껴 볼 수 없는 특별한 것이다. 또한 신선
한 우유로 만든 치즈는 저온 살균한 우유로 제조한 치즈 맛
과 비교할 수 없고, 정원의 텃밭에서 기른 신선한 채소는 대
량 소비를 위해 온실에서 키운 것에 비할 수 없다. 텃밭의 채
소가 얼마나 입맛을 사로잡는지 모를 것이다!

자연의 맛을 살린 채소 요리

가지 요리

가지를 1센티미터 두께로 길쭉하게 썬다. 프라이팬에 기름을
두르고 가지를 볶다가 무르게 익으면 불을 끈다. 여기에 간장
몇 방울과 강판에 간 생강을 넣어 맛을 낸다.

익힌 양상추 요리

양상추가 남았는가? 프라이팬에 기름을 두르고 염교를 살짝
익힌다. 여기에 양상추를 넣어 살짝 익힌다. 잣이나 베이컨
조각을 넣어도 좋다.

브로콜리 요리

브로콜리에 버터와 잣을 넣고 찐다.

마늘과 기름을 넣은 피망 요리

피망은 씨를 발라낸 후 씻어서 가늘게 썬다. 여기에 올리브
오일과 마늘을 넣어 살짝 익힌다.

염교를 곁들인 렌즈콩 샐러드

렌즈콩 통조림을 딴다. 렌즈콩을 큰 거름 용기에 담아 물로 충

분히 헹군다. 염교와 프렌치드레싱으로 맛을 낸다. 프렌치드레싱은 기본적으로 소금, 후추, 겨자 1티스푼, 식초 1테이블스푼, 기름 3테이블스푼으로 만든다. 식초 대신 레몬을 섞어도 되고, 연성 치즈나 염교·파슬리·허브·다진 양파·피망 등을 더 넣을 수도 있다.

염소젖 치즈를 넣은 시금치 요리

염교는 프라이팬에 넣어 미리 살짝 익혀 둔다. 여기에 물기가 남아 있는 시금치를 넣어 함께 볶는다. 프로마지 블랑에 염소 젖 치즈를 으깨어 넣고 천천히 저으면서 녹인다. 이것을 볶은 시금치에 얹는다.

생크림을 곁들인 당근 요리

당근을 익혀, 생크림과 파슬리를 곁들여 낸다.

파 샐러드

15센티미터로 자른 파를 삶거나 찐다. 파에 식초를 몇 방울 친 후 미지근한 상태로 낸다.

시금치와 냉동 베이컨 요리

뜨거운 프라이팬에 시금치와 냉동 베이컨을 넣는다. 기름이나 소금을 치지 않고 익힌다.

굴소스로 맛을 낸 채소 요리

물기가 남아 있는 시금치, 근대, 양배추, 배추 등에 마늘을 조금 넣고 참기름으로 살짝 볶는다. 뚜껑을 덮는다. 물 1테이블스푼으로 조금 희석한 중국식 '굴소스'로 약하게 간을 한다.

건포도 넣은 당근 샐러드

당근 1/2개를 채 썬다. 여기에 레몬을 넣은 프렌치드레싱을 뿌린다(레몬 대신 식초를 써도 된다). 건포도를 몇 알 얹는다.

'아스파라거스·찐 감자·브로콜리'의 환상적인 조화

아스파라거스, 감자, 브로콜리를 썰어 찐다. 여기에 올리브 오일을 조금 두른다. 소금과 후추로 간을 해 낸다.

참깨 넣은 브로콜리 볶음

작게 썬 브로콜리를 팬에 넣어 익힌다. 간장, 깨소금, 설탕 조금, 참깨를 섞어 만든 소스로 맛을 낸다.

스크램블 에그를 곁들인 셀러리 볶음

팬에 셀러리를 넣고 볶는다. 스크램블 에그도 따로 만든다.

함께 접시에 담아낸다.

껍질째 삶은 감자

감자를 쪄서 4등분한다. 허브와 버터 약간, 생크림이나 마요
네즈를 곁들여 낸다.

둥근 무조림

둥근 무를 둥글게 2등분해서 찐다. 팬에 버터를 두른 후 무를
볶는다. 취향에 따라 소금과 향신료를 더한다. 생크림을 얹
고, 육두구 가루를 뿌린다.

밤호박 팬 요리

밤호박을 크게 잘라 팬에 넣고 물을 조금 붓는다. 뚜껑을 덮
고 무를 때까지 약한 불로 익힌다.

밤호박 냄비 요리

밤호박을 한 입 크기(3센티미터)로 썬다. 호박을 냄비에 넣고
물을 조금 붓는다. 이때 설탕 약간과 간장소스도 몇 방울 넣
는다. 밤호박이 뭉그러지기 전에 불을 끈다.

먹는 것도 시가 된다

오감의 즐거움

오감 살리기

인생은 끊임없이 변화한다. 건강도 마찬가지다. 나아지거나 나빠지기를 반복한다. 이는 우리가 듣고, 만지고, 맛보고, 느끼고, 인지한 것들을 어떻게 '소화'하고 '신진대사'를 하느냐에 달려 있다. 실제로 흥미로운 경험에 우리의 감각을 노출할수록 더욱 건강해질 수 있다. 그중에서도 특히 예민한 미각은 끊임없이 새로운 느낌을 받아들인다. 식재료·그릇·식탁보 등의 질감, 코와 입 안 가득 퍼지는 향기, 시각적으로 아름다운 요리, 샴페인의 기포가 터질 때 느껴지는 기쁨의 전율……. 이 모든 것이 식단을 그저 음식을 먹는 자리로만 머무르게 하지 않고 오감으로 즐길 수 있는 향연의 장으로 만들어 준다. 그러므로 자연이 물려준 오감을 잘 활용해 마음껏 즐기자. 종종 사람들이 지나치게 많이 먹게 되는 것은, 단지 원하는 음식을 먹는다고 해서 오감이 충족되는 것은 아니기 때문이다.

건강하게 잘 먹고 잘 살기 위해서 우리는 앞서 말했듯이 먹는 양을 줄여야 한다. 또한 더 즐겁게, 감각적으로, 의식하며 먹어야 한다.

어떤 음식을 좋아하는지, 누구와 어떻게 먹고 싶은지는 인생의 마지막 순간까지 계속되어야 할 학습과 훈련의 영역이다. 하지만 감각으로 얻는 즐거움은 저절로 깨우치고 단련되며 더욱 커져 새로운 경험을 하게 한다. 이 과정에서 우리는 다르게 사는 법을 배우게 되는 것이다. 비록 꽃이 없는 정원이더라도 저마다 줄기와 이파리를 가진 풀과 이끼, 돌멩이 등이 초록과 갈색, 회색빛 등 제 빛깔을 내며 어우러진 모습에 눈길이 가듯이, 별맛이 없던 상추, 케이퍼(지중해 연안에 널리 자생하는 식물. 꽃봉오리 부분이 향신료로 쓰인다-옮긴이), 일일초 등에서도 우리 미각은 새로운 즐거움을 발견해 낼 수 있다.

먹는다는 것은 '취향'의 문제이기도 하다. 유명한 요리사 조엘 로부숑은 오감을 동시에 자극하는 예술은 오직 요리뿐이라고 말했다. 인간이 근본적으로 좋아하는 두 가지 행위가 먹는 것과 섹스인 것은 결코 우연이 아니다. 연구에 따르면 음식과 섹스, 음악으로 인해 활성화되는 뇌세포는 같다고 한다. 따라서 적게 먹기 위해 꼭 해야 할 한 가지는 즐겁게 먹는 것이다. 감자튀김을 먹더라도 가능한 한 집중해서 천천히 즐긴다면 그것은 시간 낭비가 아니다.

하지만 맛있는 식사를 한다는 것이 오직 잘 먹는 것을 의미하지는 않는다. 그보다는 가장 좋은 음식을 즐기기 위해, 아무거나 닥치는 대로 먹지 않겠다는 선택을 뜻한다. 예를 들어 제대로 된 진짜 요구르트 한 개를 즐기기 위해 칼로리 0퍼센트의 요구르트 6개 묶음을 포기하는 선택처럼 말이다!

미각이란 축복

“우리의 감각은 아주 미약해서 이 세상의 아주 작은 부분만을 느끼게 하곤 한다.” 알렉산드라 다비드 넬(프랑스 탐험가이자 작가)

대부분 사람이 소홀히 하지만, 우리 입 안에는 약 7천 개의 미각 돌기가 있다. 대부분 혀의 윗면, 입천장의 점막, 목구멍 쪽에 분포되어 있는데, 단맛은 혀의 끝과 앞쪽 가장자리에서, 쓴맛은 혀의 뒤쪽, 신맛은 혀의 가장자리와 혓바닥에서 느낄 수 있다. 반면 단맛은 거의 모든 곳에서 느껴진다. 아이스크림을 핥아 먹거나, 맥주를 병째 마실 때 더 맛있는 이유도 여기에 있다. 숟가락이나 유리잔에 방해받지 않고 그 맛이 직접 미각 돌기에 전달되기 때문이다. 같은 원리로 수프도 떠먹을 때보다 그릇째 마실 때 더 맛있다.

귀가 즐거워야 맛있다

"우리의 감각을 거치지 않고 지성에 이를 길은 없다." 아리스토텔레스《형이상학》

숯불에서 군밤이 타닥거리며 익는 소리, 요란한 귀뚜라미 울음소리……. 이 모든 것이 음악이 아닐까? 감각 중에서 먹는 것과 가장 관련 없는 것이 청각이다. 그러나 보기 좋은 초록빛 샐러드나 오이는 "아삭" 한 입 베어 물 때에야 진정한 맛이 완성된다. 맥주를 좋아하는 사람이라면 병뚜껑을 딸 때 "슈욱" 경쾌하게 첫 김이 터져 나오는 소리를 절대 놓치지 않을 것이다. 샴페인의 기포가 유리잔의 수면으로 보글보글 올라오는 소리는 또한 얼마나 경쾌한가! 차 애호가들에게는 마른 찻잎에 뜨거운 물이 스미며 나는 따닥따닥 소리가 행복 그 자체다. 어떤 요리사는 튀길 때 나는 소리로 기름 온도를 가늠하고, 굴 껍데기가 '부딪쳐 나는 소리'로 신선도를 판단한다. 수박이 잘 익었는지, 빵이 제대로 구워졌는지도 '두드려서 나는 소리'로 알아낼 수 있다.

따라서 넓은 의미에서 풍성한 식사 분위기를 연출하려면, 귀를 위한 요소도 갖추어야 한다. 무엇을 준비해야 식사의 다른 요소들과 어울릴 것인지 고심해서 선택하자. 소리 없이 고요하게 먹을 것인지, 음악을 틀 것인지 아니면 자연의 소리에 맡길 것인지 말이다. 춘권을 먹을 때는 중국 음악, 푸아그라를 먹을 때는 바로크 음악을 트는 등 배경음악을 선택하는 것은 전적으로 조화와 취향의 문제다!

집어 먹는 즐거움

"그는 테이블의 나뭇결이나 식탁보의 직조감, 냅킨 크기, 유리잔의 곡선까지 모두 확인하며 아주 능숙하게, 준비된 모든 것의 섬세한 차이를 읽어 냈다." 엑토르 비앙쇼티(아르헨티나 출신의 프랑스 작가)《하늘을 나는 새의 흔적처럼》

패스트푸드나 샌드위치의 성공 비결 중 하나가 손으로 먹을 수 있다는 점 아닐까? 음식을 직접 입으로 가져가는 것은 인간의 원초적인 욕구를 충족하는 방법 중 하나다. 예를 들어 눈앞에 감자튀김이 있을 때 나는 늘 고상한 방법들을 멀리한다. 손으로 하나씩 집어 먹는 것 말고 더 맛있게 먹는 법이 있겠는가. 그런데 이렇게 손으로 집어 먹는 즐거움을 누리면서 다이어트 음식으로도 '허용'된 것이 초밥이다. 일본에서는 손으로 초밥을 집어 먹게 되어 있다.

음식을 손으로 집어 먹는 것은 인간의 본능이다. 브뤼셀 양배추를 본 적이 없던 일본인 친구는 내가 그 채소를 쪄 내오자, 마치 딸기를 먹듯이 손으로 집어 올려 맛을 보았다. 꼭 이런 예가 아니더라도 한밤중에 식탁 모퉁이에서 식은 닭다리를 손으로 집어 먹는 그 즐거움을 누가 마다하겠는가.

손으로 음식을 집어 사랑하는 이나 아이의 입에 넣어 주는 것은 친밀감과 사랑의 표시다. 꼭 손으로 집지 않더라도 붉은 포도주잔의 둥근 곡선을 쓰다듬고, 뜨거운 대접을 손바닥으로 감싸 쥐는 등의 이 모든 것이 새로운 감동을 불러일으키는 계기가 된다.

맡아야 살맛 난다

"나는 점심으로 주는 빵의 냄새를 기분 좋게, 가만히 떠올린다. 간식으로 먹는 캉파뉴 치즈의 향기, 할머니 댁의 '버찌'……. 벽장, 찬장, 정원에서 나는 그 모든 기분 좋은 향기를 생각한다." **알랭 푸르니에(프랑스 작가이자 군인)《서간집》**

후각은 감각 중에서 특히 소홀히 여기는 경향이 있다. 하지만 정작 후각을 잃어버린 사람들은 인생의 맛도 잃어버렸다고 말한다. 땅과 바다와 산의 냄새……. 이 모든 생명의 향기가 우리 식탁에 올라와도 맡을 수 없기 때문이다. 우리가 다양한 재료로 음식을 만드는 데는 그 재료가 품은 생명과 자연의 냄새를 느끼려는 목적도 있다. 즉 향을 맡는 것으로 이미 그 영양을 취하는 것이다! 그러므로 음식 냄새를 맡지 못하면, 몸이 누릴 수 있는 즐거움도 제한된다. 반대로 오래 냄새를 맡으면 감동이 일어나고, 접시에 놓인 음식을 충분히 음미할 수 있다. 자연히 식탁에서 느끼는 즐거움이 오래 이어져 오감이 만족하게 된다.

어떤 체중 감량 전문가는 체중을 줄이려면 감귤류의 냄새를 맡으라고 권한다. 자몽 냄새를 맡으면 기분이 좋아져 식욕이 줄어들기 때문이다. 라벤더향이 숙면에 도움을 주고,

재스민향이 각성에 영향을 주는 것과 같은 원리다. 어떤 미국 여성은 저녁 식사가 덜 준비되었을 때 양파부터 불에 굽는다고 한다. 그러면 문을 열고 들어선 남편이 아내가 몇 시간째 불 앞에서 요리하고 있었다고 생각하게 된다는 것이다.

눈도 맛을 본다

"아름다움은 영혼을 살찌운다. 몸을 위한 것이 음식이라면, 영혼을 위한 것은 인상적이고 복합적이며 기분 좋은 이미지들이다."

토마스 무어《영혼의 돌봄》

미국의 심리학자들이 긍정적 감정에 대해 연구한 결과에 따르면, 꽃이 그토록 사랑받는 이유는 비단 상징적, 사회적 혹은 상업적 의미에서만이 아니다. 사람들이 꽃을 받거나 바라볼 때 느끼는 감동의 효과 때문이라고 한다. 아름다운 꽃은 즉각적으로 긍정적인 감정을 불러일으킬 뿐 아니라 우리의 기억 속에서 계속 작용하면서 기분을 변화시킨다. 즉, 향기와 빛깔을 포함한 그 모든 것으로 우리를 행복하게 한다.

같은 원리로 음악이나 시 혹은 노을 지는 하늘과 알록달록한 채소와 해산물을 바라보는 시간 등도 우리 마음에 고

스란히 담겨 영혼을 살찌운다. 입으로 느끼는 맛이 있듯이 눈으로 즐기는 맛도 있는 것이다. 이렇듯 아름다움 역시 하나의 양식이다.

완벽한 맛

적게 먹어야 더 즐겁다

"나의 입맛은 단순하다. 가장 좋은 것만 먹는다." **오스카 와일드**

즐거움을 위해 지나치게 많이 먹는다면, 결과는 정확히 그 반대가 될 것이다. 생각해 봐라. 음식이 한가득한 뷔페나 칵테일파티에서 기분 좋게 먹고 나온 경우가 얼마나 있는지. 아마 거의 없을 것이다. 우리 눈은 욕심이 크다. 그래서 실제 자신이 먹을 수 있는 양보다 더 먹을 수 있다고 생각하게 만든다. 그 바람에 차려진 대로 꾸역꾸역 먹다가 그 자리를 나설 때쯤엔 속이 더부룩해 부담스러워 하고, 죄책감마저 느낀다. 그러나 훈제 연어와 양상추 몇 잎 그리고 백포도주 한 잔만을 먹는다면 즐거움을 한껏 누릴 수 있을 것이다.

어느 결혼식 피로연에서 나는 일본인들은 대체로 싫어해 거의 손을 대지 않는 푸아그라와 샴페인만 먹었던 적이 있다. 그 덕분에 다음 날 아침 1그램도 살이 찌지 않았고, 소화불량에 시달리지도 않았다. 앞으로도 그날의 선택을 기억하려 한다.

먹는 즐거움을 기대하라. 식탁에 앉는 순간을 기대하면 할수록 적게 먹을 수 있다. 매 식사가 축제가 되게 하라. 건강에 꼭 필요한 것들을 최고의 진미로 삼아 만족을 누리자. 음식이 많을수록 지혜와 신중함, 초연함을 발휘하라. 이보다 더 간단한 일이 없다는 사실을 깨닫고 나면, 왜 더 일찍 알아채지 못했는지 안타까울 것이다. 일단 위장이 정상적인 크기를 되찾으면 더는 허기를 호소하지 않아 더 적게 먹으면서도 먹는 즐거움은 더 커진다. 이것이 소식을 할 때의 즐거움이다. 이러한 소박한 삶의 태도는 인생의 모든 영역으로 확장될 수 있다. 소박함이야말로, 진정한 기쁨이다!

진짜 좋아하는 것을 먹어라

"진리에 이르는 길이 무엇입니까?" "만물의 이치를 예리하게 지각하는 것일세." 스승이 대답했다. **앙리 브뤼넬 《선 이야기》**

'소박한' 요리도 우아함의 절정에 이를 수 있다. 천연 재료를 쓰면 인공 향료나 지방이 가득 든 재료들보다 훨씬 더 입맛을 사로잡을 수 있으니 말이다. 많은 경우 천연 재료라고 하면 그저 지루하고 단조로운 것으로 받아들이지만, 레몬 즙과 아몬드 가루를 살짝 뿌린 구운 생선 한 마리는 그것을 즐길 줄 아는 여유를 가진 이에게는 아주 맛있는 음식이다. 그동안 제대로 주의를 기울이지 않아 잘 모르고 있었겠지만, 우리가 즐기는 음식 중에는 단순하면서도 몸에 좋은 것이 아주 많다. 그 목록을 적어 보는 것은 매우 중요한 일이다.

우선 좋아하는 음식들을 적어라. 그중에서 식습관의 변화에 도움을 줄 것들만 먹겠다고 결심하라. 이때 즐겁게 식사했던 장소와 시간을 적어 보는 것도 중요하다. 여름 아침에 먹는 신선한 복숭아 요구르트나, 겨울에 먹는 뜨거운 오트밀 한 그릇이 주는 즐거움을 우리는 너무 쉽게 잊어버린다. 우리 기분이나 피로 정도에 따라 아무렇게나 먹는다면, 절대 좋은 것을 선택하지 못할 것이다. 그저 허기를 때우기 위해 양껏 먹다 보면 자신에 대한 실망과 반감만 커질 뿐이다. 그리고 이러한 느낌을 잊기 위해 더 많이 먹게 되는 악순환이 벌어진다.

천천히 오래 씹기

"가장 귀한 즐거움이 가장 생생하게 느껴진다." 데모크리토스(그리스 철학자) 《단편집》

나의 몸을 자연의 성전으로 만들라. 음식이 눈앞에 놓였을 때, 코로 맡고 눈으로 보고 입으로 맛볼 수 있는 여유를 가지며, 몸이 그 음식에서 최상의 것을 취할 수 있도록 하라. 우리를 즐겁게 하는 것은 음식 자체라기보다 그것을 먹는 방법이다. 소란스러운 곳에서 허겁지겁 먹거나 불쾌한 환경에서 대충 때운 식사는 몸과 마음을 혼란스럽게 할 뿐이다. 자고로 건강과 행복은 오감이 느끼는 즐거움에서 비롯된다. 과식할 때 그 즐거움을 제대로 느끼지 못하는 이유도 오감이 살아나지 못해서다.

우선 아주 작게 한 입만 먹고 수저를 내려놓는 연습부터 하자. 그리고 가능한 한 오래 씹어라. 그 과정에서 다양한 맛을 새롭게 발견할 수 있을 것이다. 서둘러 먹느라 먹는 즐거움을 아주 잠시밖에 즐기지 못한다면 무슨 소용이 있겠는가. 음식이 혀의 미각 돌기에 채 닿지도 않았다면, 음식은 이미 지나간 추억에 불과하다.

먹는 즐거움을 최대한 오래 지속시켜라! 씹으면서 부드

러운 것, 바삭거리는 것, 녹인 것, 달콤한 것, 씁쓸한 것, 뒷맛
이 남는 것 등을 구별하려고 노력해 봐라. 먼저 한 가지 음식
으로 집중해서 연습해 보고, 그다음에는 두 가지가 섞인 음
식으로 시도해라. 그 둘이 서로 보완하는 관계인지, 파괴하
는 관계인지 알게 된다.

일본에서는 아무리 고급요리라도 재료를 두세 가지 이상
은 섞지 않는다. 국을 끓일 때도 마찬가지다. 접시에 음식을
담을 때도 서로 다른 재료를 너무 많이 놓지 않도록 해라. 그
래야 포도 알맹이 하나, 작은 새우 머리의 맛을 제대로 즐기
는 법을 배울 수 있다.

그렇다면 음식은 몇 번을 씹어야 할까? 답은 "많이 씹을
수록 좋다"이다. 씹을 때야말로 제맛을 느낄 수 있다는 사실
을 기억해라. 그러면 과식도 덜하게 된다. 이렇듯 절도와 절
제, 신중함을 통해 완벽에 이르도록 해라. 그것이 완전함에
이르는 길이다.

착한 음식

"무엇이든 도가 지나칠 때, 가장 큰 즐거움이 가장 큰 괴로움으로
변하고 만다!" 세네카 《영혼의 고요함에 대하여》

먹는다는 행위는 단순히 음식을 소비하는 데 그치지 않고, 음식에 대한 감정을 느끼는 데까지 나아간다. 달리 표현하자면, 요리는 설명하는 것이 아니라 느끼는 것이라는 말이다. 얼마나 많은 감정이 맛과 향기와 맞닿아 있는가! 마음을 사로잡거나 풍요롭게 하거나 반대로 계속 허기지게 하는 원인은 대부분 감정에 있다. 이는 우리가 단순히 칼로리를 섭취하는 열역학적 차원의 기계가 아니라, 원칙적으로 감각을 지닌 사유와 감정의 존재이기 때문이다. 그러므로 우리에게 긍정적 감정을 불러일으키는 음식을 선택하는 것이 마땅하다. 그런 음식이야말로 우리 욕구를 충족해 주기 때문이다.

우리가 무언가를 맛보는 특정한 순간에 느끼는 감정이 어떠한지 생각해 보자. 어떤 기억을 떠올리게 하는지, 어떤 생각을 불러일으키는지, 어떤 감정이 들게 하는지 말할 수 있는가? 만약 인간이 몸으로 그토록 많은 즐거움을 느낄 수 없었다면, 아무것도 아닌 존재가 되었을 것이다. 그런데 우리 중에는 몸이 제대로 훈련되지 않아 감각이 채 발달하지 않은 사람이 무척 많다. 무감각한 눈과 무딘 귀와 무신경한 미각으로 무엇을 느낄 수 있겠는가. 이런 사람의 인생은 재미가 없고 단조로우며 침울할 수밖에 없다. 하지만 감각을 훈련하면 그것만으로도 인생의 질이 나아질 수 있다. 그러니

지금부터라도 식사 시간을 아주 의미 있게 여겨라. 절대 날림으로 먹어치워서는 안 된다.

흔히 장수하고 싶으면 한 입에 30번 이상 씹으라고 한다. 이유는 이렇다. 특정한 요리를 대하면 떠오르는 행복한 기억들이 있을 것이다. 이런 기억은 뇌의 특정 신경세포를 활성화하는 효과가 있다. 그런데 아무 느낌 없이 먹으면 그 세포가 죽어 버린다. 따라서 뇌세포를 오래 살리려면 즐거운 기억을 지속적으로 떠올리는 것이 중요하다.

노인학 연구자들도 건강하게 장수하려면 즐겁게 사는 것이 가장 중요하다고 입증한다. 식사만 놓고 보면 맛보는 법부터 훈련할 필요가 있다. 먼저 초밥으로 시작해 봐라. 한 입 크기로 만들어지는 초밥은 계절에 따라 재료가 다른데, 재료 종류만 약 30가지에 달한다. 예를 들어 겨울에는 기름진 생선, 조개류, 뱀장어 등을 쓴다. 재료의 빛깔도 다채롭다. 다양한 농도의 붉은빛을 띤 참치, 분홍빛의 새우나 농어, 푸른빛의 고등어나 정어리, 순백의 갑오징어, 녹색의 오이……. 입에 넣었을 때 매끈하거나 거칠거칠하거나 질기거나 무른 질감과 함께 느껴지는 부피감 역시 여러 감정을 불러일으킨다. 초밥에 쓰인 쌀밥 역시 서양의 빵만큼이나 다양하다. 쌀밥의 달콤함과 식초의 새콤함, 소금과 고추냉이,

일본 특유의 간장소스 맛이 절묘한 균형을 이루는 것은 전적으로 주방장이 가진 노하우에 달려 있다.

싱겁게 먹어야 안다

"현자는 무미함을 즐길 줄 안다." 노자

허기질 때는 보통 달고 짠 음식을 먹는다. 짭짤한 음식은 단맛을 당기고, 단 음식은 또 짠맛을 당긴다. 하지만 진정한 맛을 느끼려면 가능한 한 '싱겁게' 먹는 데 익숙해져야 한다. 그래야 식탐이 줄고, 각각의 맛을 좀 더 잘 느낄 수 있다. 예를 들어 채소나 싱싱한 생선, 석쇠에 잘 구운 고기는 덜 '꾸밀수록' 맛이 더 좋다. 사실 사과나 배, 각종 채소도 종류에 따라 맛이 다르다. 그러므로 소금이나 향신료를 치지 않고 먹다 보면 조금씩 더 섬세한 맛의 세계를 발견하게 된다. 그로 인해 어떤 음식에 대한 맛은 잃고, 어떤 음식의 맛은 새로이 느끼게 될 것이다.

이 과정에서 자연스러운 본능을 되찾으면 자신의 몸에 잘 맞는 먹을거리와 음식을 찾을 수 있다. 우리 몸 안에서 새로운 선택에 대한 친화력이 생겨나면서, 입맛이 바뀌게 되는 것이다. 자연히 밀기울빵이 흰 빵보다 더 맛있어지고, 양식 물고기보다는 자연산이 더 맛있다는 사실을 알게 된다.

음식 맛은 뇌가 명령해 감각기관이 감지할 때에만 느껴지는데, 싱겁게 먹다 보면 섬세한 미각이 발달하게 된다. 일본인들이 먼저 싱거운 듯한 음식부터 내놓는 이유도 이 '감춰진' 즐거움을 알기 때문이다. 양념을 하지 않은 메밀국수에 간장소스 몇 방울과 약간의 고추냉이를 곁들이면 그동안 느껴 보지 못한 새로운 맛이 솟아난다!

중국인들에게 무미함은 '중립'과 의미가 같다. 극도의 절제와 감성을 통해 새로운 감동이 일어나는 것이다. 다른 맛들은 일시적인 만족감을 주는 반면, 이 무미함은 거의 느끼지 못할 정도로 천천히 사라지면서 새로운 맛을 하나하나 발견하게 해 준다. 그리고 일종의 평정심에 이르게 한다.

먹는 것도 시가 된다

단순한 것이 아름답다

"모든 사람이 심각하게 여기는 일을 가볍게 여기는 사람만이 다른 사람들이 가볍게 여기는 것을 신중하게 여길 수 있다." **장조(중국 청나라 문장가)**

음식들은 접시, 상추 위, 레몬 껍질 속에(숟가락으로 속을 긁어 낸 뒤 작은 새우 샐러드 등을 담을 때처럼) 귀중한 보물처럼 담아내야 한다. 자연은 자줏빛·에메랄드빛·순백색 등의 다양한 색과, 갸름하거나 둥글거나 길쭉하거나 하는 등 다양한 모양과 질감을 선택할 수 있게 한다. 청록색 접시에 놓인 붉은 토마토 몇 조각, 검은색 작은 칠기 대접에 담긴 노란 병아리콩 수프, 붉은 고추가 들어간 흰 닭고기 살, 아직 껍데기를

까지 않은 콩……. 이러한 것들이야말로 자연이 빚어낸 예술품이다. 음식 빛깔과 접시의 색이 조화를 이루어, 먹음직스러우면서 건강에도 좋은 것을 먹는 것이야말로 인생의 큰 즐거움 아니겠는가.

이렇듯 아름다움은 비타민만큼 우리 삶에 중요한 요소다. 비록 완성되면 곧 허물어 버리지만 티베트 승려들이 마음을 다해 모래 그림을 그리듯이, 온 정성을 기울여 음식을 준비해야 하는 이유도 여기에 있다. 우아하게 산다는 것은 마음과 삶을 복잡하게 만들지 않는 것이다. 마음의 중심을 잡고 여유를 가지고 우선순위를 정해 제한된 선택권 속에서 살아가면 된다. 밤을 반으로 갈라 티스푼으로 떠먹거나, 멜론을 작은 공 모양으로 떠서 얼음 조각(녹색 잎을 몇 장 넣어 얼린다. 500밀리리터 우유팩을 이용하면 좋다) 위에 얹어 내거나, 통조림에서 꺼낸 정어리에 빵가루 조금과 레몬 즙을 뿌린 후 살짝 익혀서 먹어 봐라. 책에 나오는 대로 요리하는 게 아니라 순간순간 떠오르는 영감에 따라 놀이처럼 즐기며 해 보는 것이다.

20세기 초부터 일본의 천재적인 요리사로 추앙받았던 기타오지 로산진은 예술계에도 큰 영향을 미쳤다. 그는 요리사로서뿐만 아니라 도예가로서도 천재성을 발휘했다. 각 음식에 가장 잘 어울리는 그릇을 만들어 냈기 때문이다. 일본 인들은 한 끼 식사의 50퍼센트는 음식 맛에 있고, 50퍼센트는 어떻게 담아내느냐에 달려 있다고 생각한다.

단순한 것이 아름답다. 아름다움은 순수하다. 모든 답답한 것을 걷어 낸 상태다. 초밥이 세계적으로 성공을 거둔 이유는 미각, 시각, 영양학적으로 우수할 뿐 아니라 먹기에도 편했기 때문이리라. 한마디로 놀라운 단순성에 있다.

일상이 시가 될 때

"살림은 빠듯하고, 집은 좁다. 식탁도 보잘것없다. 이럴 때 지혜로운 여자는 집의 물건들을 잘 정리해 적절히 배치할 방법을 찾는다. 그녀는 산더미 같은 일을 성실히 해내는 것은 부자만의 특권이 아니라 누구나 가진 권리라 여긴다. 성심을 다하는 것이 목표인 그녀는, 어떻게 하면 자신의 집에 왕자의 저택과 같은 품위와 매력을 더할 수 있는지 잘 보여 주었다. 만일 그 모든 일을 고용인에게 돈을 주고 맡겼다면, 절대 같은 결과를 얻지 못했을 것이다." **샤를 와 그네(프랑스 개신교 목사이자 저술가) 《소박한 삶》**

미리 구상하고 준비해서 차려 내는 매끼 식사는 하나의 창조적 행위다. 꽃병에 바이올렛 한두 송이를 꽂고, 유리잔 옆에 초를 켜 두고, 잘 어울리는 식탁 매트를 준비한다. 이런 준비는 이렇다 할 노력 없이도 몇 시간 동안 즐겁고 만족스러운 시간을 보낼 수 있게 해 준다.

음식에 관련된 것이라면 모든 것이 세심하게 준비되어야 한다. 아침에 커피 한 잔을 마실 때도 마찬가지다. 그 사소한 것이 우리의 마음과 정신과 행복에 마법과도 같은 영향을 미치기 때문이다. 그렇다고 이를 위해 많은 돈을 쏟아부을 필요는 없다. 이는 전적으로 우리가 가진 것을 얼마나 우아하고 세련되면서도 고상한 방식으로 사용하느냐에 달려 있으니까 말이다. 집, 동네 길, 매일 쓰는 머리빗까지, 주변 환경을 이루는 모든 요소는 얼마든지 더 아름다워질 수 있다. 만일 사람들이 더 아름다운 환경에 둘러싸여 산다면, 소비와 파괴의 욕구를 덜 느끼고, 무슨 수를 써서라도 돈을 벌려는 집착도 줄어들 것이다. 황홀한 일몰의 장관을 눈앞에 두고 있는데 무엇이 더 필요하랴.

이렇듯 아름다운 것은 우리 영혼에도 유익하여 우리를 더 성숙하게 만든다. 설사 오래되어 초라한 조리 기구라도 그것을 아끼고 사랑하면 놀라운 정신적 감흥을 불러일으키는 대상이 된다. 얼룩이 지고 칼자국이 배여 있는 데다 모서리

도 닳아 버린 나무도마에서 행복했던 날들을 추억할 수도
있고 말이다.

달빛 아래 식탁

"일본 요리는 입으로 먹기보다 눈으로 감상하게 된다는 말이 있
다. 나도 일본 요리는 깊이 명상하게 하는 것이라고 말하고 싶다!
어둠을 밝히는 희미한 촛불과 은은한 칠기의 광택이 빚어내는 고
요한 조화 속에서는 명상에 빠져들 수밖에 없기 때문이다." **다니자
키 준이치로《그늘에 대하여》**

편안한 환경에서 천천히 잘 먹은 음식은 건강한 몸과 마음
의 동반자다. 바르게 먹는다는 것은 단지 건강한 식습관을
갖느냐 하는 차원의 문제가 아니다. 이를 넘어서 인생과 행
복에 대한 의지의 표현이기도 하다. 아름답게 먹는 것이 곧
맛있게 먹는 것이다. 그러므로 아름답게 먹기 위해 노력할
필요는 있다.

식사 장소의 조명도는 기분에 영향을 미친다. 어떤 조명
은 심리적인 안정감을 더하고, 어떤 조명은 불안감이나 불
쾌감만 준다. 밝은 달빛 아래에서 식사를 하는 풍경이 프랑

스 문화에서는 낯설지만, 옛날 일본에서는 즐기던 관습이었다. 일본인들이 단지 '미학적 즐거움'을 위해 그런 것은 아니다. 삶에 생기를 더하기 위해서였다. 이런 전통 때문인지 일본인들 밥상에 놓인 각각의 요리는 마치 예술작품처럼 먼저 눈길을 사로잡는다.

냅킨 없이 우아하게

"버찌와 딸기의 맛을 구별하지 못하는 것은 아이들과 새뿐이다."
괴테

한 친구는 라타투이 하나를 만들 때에도 요리를 하기 전에 재료를 모두 잘게 썰어 놓는다. 그러면 요리 시간이 줄어들어 비타민 파괴를 줄일 뿐 아니라 먹기에도 좋기 때문이다. 햄을 크고 납작하게 자르는 대신 먹기 좋은 크기로 작게 썰어 내놓거나, 고기를 한 입 크기로 썰어 요리한다. 이것은 먹는 사람에 대한 예의이자 세심한 배려인 동시에, 자신에게 친절을 베푸는 행위기도 하다. 입술에 온통 프렌치드레싱을 묻혀 가며 상추들을 통째로 욱여넣어야 한다면, 어떻게 천천히 우아하게 먹을 수 있겠는가. 음식을 깔끔하게 먹으려면 반드시 냅킨이 필요할까? 그렇지 않다. 생선 가시나 빵 부스러기 따위와 씨름하지 않고도 부드럽게 한 입에 기분 좋게 먹을 수 있다. 이 즐거움은 말해 무엇하랴.

먹는 즐거움

인생의 마지막 순간까지 함께할 즐거움이 있다면, 먹는 즐 거움이리라. 병원 침대에 꼼짝없이 누워 있는 환자에게 먹 는 것 말고 무슨 욕구가 더 남아 있겠는가. 하지만 더는 음 식을 씹거나 삼킬 수 없는 환자도 있다. 이 경우 삶의 의지 가 점점 약해진다. 이런 환자들의 고통을 덜어 주고 스스로 운신할 수 있게 하기 위해 일본의 한 병원에서 방법을 찾아 냈다. 바로 최상의 재료로 맛을 낸 제대로 된 음식을 무스 (mousse) 형태로 만들어 제공하는 것이다. 작고 예쁜 그릇에 담아서 말이다.

일본인들은 모든 식재료를 무스로 만들 수 있는데, 그 유 명한 '다쿠앙(단무지)'도 무스의 재료가 된다. 예를 들어 쌀 죽에 다쿠앙 무스를 얹는다. 그러면 환자들은 집에서 먹는 듯 편안해 하고, 다쿠앙에 얽힌 어렸을 때 일을 떠올리며 추 억에 젖기도 한다. 이렇게 보면 가족 중 누군가가 입원할 경우, 가족들이 병원을 방문해 미리 음식 맛을 봐야 할 권리가 있다!

'유동식'만 먹을 수 있는 환자들에게 맛을 느끼게 할 수 있다니 이 얼마나 멋진 일인가. 믹서와 젤라틴 조금, 달걀노른자(영양 많은 순수 단백질) 그리고 약간의 응용력만 있다면 얼마든지 환자들에게 큰 기쁨을 선사할 수 있다. 특히 연어, 시금치, 과일 무스 등은 누구에게든지, 심지어 아주 건강한 사람에게도 군침이 돌게 하는 메뉴다!

이 병원에는 병실 벽마다 그림이 걸려 있고, 공원이 내려다보이는 카페테리아도 있다. 병상째 환자를 그곳에 데려가 커피, 녹차, 초콜릿 맛의 무스를 먹일 수 있다. 그러면 환자들은 병실에서 벗어난 기분에 아주 행복해한다.

잊을 수 없는 저녁

억지로 먹지 않기

다른 사람들과 어울려 식사하는 일은 소통을 통한 사회화의 과정이다. 거스를 수 없는 전통적 관습의 결과물이기도 하다. 물론 좋은 음식은 휴식이나 진실한 친구들만큼 중요한 것으로, '잘 먹는 법'을 아는 것은 '잘 사는 법'과 '잘 즐기는 법'을 아는 것이기도 하다. 하지만 신성불가침의 가족식사나 친구들끼리의 '맛있는 식사' 자리라면 어떨까? 예전만큼은 아니더라도 푸짐하게 먹던 습관은 여전히 남아 있다.

과연 진정한 의미의 '잘 사는 법'이란 무엇일까? 초대한 손님들에게 예의를 다하는 것은, 정성스레 준비한 요리를 대접하고 그들이 억지가 아닌 편안한 마음으로 먹을 수 있도록 해 주는 것이 아닐까. 초대받은 사람은 대체로 예의를 지키려고 억지로 먹게 되지 않는가. 이를 잘 대접했다고 할 수는 없을 것이다.

이런 폐해를 없애기 위해 모두 둘러앉은 테이블 주위로 요리들을 놓아두는 건 어떨까. 원하는 대로 덜어 먹도록 말이다. 화기애애한 분위기와 즐거운 대화야말로 사람들이 진정 바라는 것이다. 다행히 우리는 이제 막 형식주의 시대에서 벗어날 참이다.

과식 역시 죄

"누군가를 초대한다는 것은, 그가 내 집 지붕 아래 있는 동안 그의 행복을 책임지는 일이다." 브리야 사바랭(프랑스의 유명한 미식가)

누군가 나를 위해 한 접시 가득 요리를 내온다면, 그것을 다 비우지 않을 수 없다. 하지만 이렇게 지키기 어려운 관습은 사라져야 한다. 그동안 우리는 음식 남기는 것은 죄이고, 낭비라고 교육을 받아 왔다. 하지만 사회적 윤리는 어떤 면에서 너무 먹는 것 역시 죄라고 가르친다. 실제로 탐욕은 인간의 일곱 가지 대죄(기독교에서 규정한 대표적인 7가지 죄. 교만, 인색, 음욕, 탐욕, 질투, 분노, 나태-옮긴이) 중 하나이지 않은가. 따

176

라서 주인이 내놓은 음식을 모두 먹어야만 하는 것은 아니다. 거절하기 위해 굳이 변명할 필요도 없다. 먹는 것은, 그 순간의 식욕이나 내적 기준에 따라야 한다.

의례적으로 차려 낸 음식이라면 미안해 하지 말고 그만 먹어라. 먹는 것이 더는 즐겁지 않은 고역이라면, 망설이지 말고 수저를 내려놓아라. 뉴질랜드 출신의 한 친구는 어머니에게서 배가 살짝 덜 찼을 때 식탁에서 일어나는 법을 배웠다. 그녀의 가족들은 누구나 접시에 반드시 음식을 남기도록 배웠다고 한다. 빵으로 접시에 남은 것을 싹싹 닦아 먹는 일은 당연히 금기 사항이었다. 이 가족은 단것에도 제한을 두어, 사탕은 일주일에 한 개만 먹을 수 있었다. 그 덕분에 친구는 한동안 패션모델로도 활동할 수 있었다. 지금도 친구는 이런 식사법을 확고히 지키고 있다.

진정한 환대는 손님들이 편안하고 즐거운 시간을 보낼 수 있도록 사소한 것까지 정성을 기울이는 것이다. 무엇보다 손님들이 함께 어울리는 기쁨을 느끼도록 해야 한다. 다만 잘 대접하는 것이 화려하고 푸짐한 음식을 차려야 한다는 뜻은 아니다. 와인과 거기에 잘 어울리는 치즈 두 가지만 있어도 잊지 못할 행복한 저녁이 될 수 있다.

잊을 수 없는 저녁

"작은 정원, 무화과 열매, 치즈 그리고 좋은 친구 서너 명. 이것이 야말로 에피쿠로스의 호사가 아니고 무엇이겠는가." **니체 《여행자》**

처음으로 프랑스식 전채 요리를 대접받은 것은 친구 스테판의 집에서였다. 물론 저녁을 겸한 식사였다. 얼마나 먹음직스럽고 건강에도 좋은 완벽한 식단이었던지! 지금도 잊을 수 없다.

- 작은 버섯 오믈렛
- 흰 접시에 담긴 얇게 저민 아보카도와 바사(바삭바삭하게 구운 빵의 일종. 채소 위에 바스러뜨려 먹는다) 몇 조각
- 선홍빛의 둥그런 비트 두 조각(비트는 대개 네모나게 써는데, 둥그렇게 썰어 놓아 색다른 즐거움을 줬다)
- 프렌치드레싱이 담긴 작은 소스 그릇
- 캉탈 치즈와, 동네에서 가장 맛있는 치즈 가게에서 사 온 타임 잎을 넣은 염소젖 치즈가 담긴 작은 치즈 접시
- 금귤, 사향 포도, 호두를 섞어 만든 환상적인 샐러드가 담긴 작은 볼
- 요리를 담아낸 고풍스러운 디저트 접시와 잘 조화를 이룬, 세

련되고 우아한 크리스털 잔과 디저트용 스푼, 포크, 나이프

- 엷게 색이 바랜 긴 나무식탁 모서리에 여러 겹 접어 놓은 고풍
  스러운 흰색 식탁보

- 원하는 대로 마실 수 있었던 샴페인

- 은은한 조명

- 그리고 이 모든 배경에 흐르던 벨러 버르토크(헝가리 출신의 작
  곡가이자 피아니스트-옮긴이)의 음악

디저트 접시, 크리스털 잔, 흰색 식탁보, 약간 소금을 친
음식. 이 모든 것과 조화를 이루는 아름다운 음악과 조명. 이
런 풍경을 연출하는 일은 의외로 아주 간단하다. 또한 그것
이 얼마나 즐거운 분위기를 만들어 내는지 모른다!

이자카야 풍경

"철학은 복잡하고 어려운 것을 간단하게 만드는 것이다. 물질주
의, 인본주의, 선험주의, 다원주의 같은 수많은 표현에도 철학은
그저 먹고 자고, 친구를 만나고 헤어지고, 웃고 울고, 몸을 돌보
고, 꽃에 물을 주고, 이웃이 지붕에서 떨어지는 광경을 구경하는
등 살아가는 것에 대해 말한다." **린위탕 《생활의 발견》**

생제르맹 대로에 있는 식당 퍼티 클뤼니의 한 종업원 말에 따르면, 일본 손님들은 한 가지 요리만 주문한다고 한다. 예를 들면 오믈렛 하나를 시켜 네 명이 나눠 먹고, 다음으로 소시지와 감자튀김 한 접시를 시켜 또 조금씩 나누어 먹는다는 것이다. 이렇게 먹으려면 먼저 상대방이 원하는 것을 살펴야 한다. 그러므로 개인주의가 들어설 자리가 없다. 자연스럽게 어울림의 자리가 형성된다. 일본인들이 음식을 나누어 먹는 데에는 여러 의미가 있는데, 한 가지 분명한 사실은 음식 자체가 목적은 아니라는 것이다. 다른 이들과 어울리는 즐거움에 먹는 것은 아닐까.

일본인들이 만남의 장소로 자주 애용하는 곳이 '이자카야'다. 이곳에서 가까운 사람들과 밥을 먹거나 술을 마시며 마음껏 시간을 보낸다. 언젠가는 이자카야도 초밥에 이어 서구 사회에서 새로운 유행으로 자리 잡을 것이다. 왜냐하면 이자카야는 아주 적게 밥을 먹고 술을 마시면서도, 저녁 시간을 즐겁게 보낼 수 있는 이상적인 곳이기 때문이다. 이곳에서는 사람들이 원하는 정도로만 혹은 그보다 더 적게 조금씩 먹을 수 있다. 애초에 이자카야를 찾은 목적이 친구들을 만나기 위해서지, 입을 만족시킬 요리를 맛보기 위해서는 아니기 때문이다. 다만 이용 시간이 주로 저녁인 탓에 시간이 갈수록 조금씩 허기지게 마련이다. 그렇다고 해서 고급요리로 더부룩하게 배를 채우거나 지갑에 있는 돈을 다 써 버리는 일은 없다. 굳이 그러지 않아도 배가 고픈 정도에 따라 먹고 싶은 만큼만 허기를 달랠 정도의 네다섯 가지 작은 요리를 주문할 수 있다.

언젠가 잘 알지 못하는 사람들과 고급요리를 먹으러 간 적이 있다. 그런데 신기하게도 맛을 제대로 느낄 수 없었다. 그에 비하면 친구들과는 비록 소박한 요리더라도 함께 먹으며 나누는 시간이 더없이 행복하다. 다시 말하지만, 중요한 것은 음식을 함께 먹는 자리에서 즐거움을 느낄 수 있느냐다. 좋아하는 사람들과 먹는 빵 한 조각이 불편한 자리에서 혹은 직업상의 이유로 모인 자리에서 먹는 산해진미보다 더 몸에 좋다. 함께 어울림이 없다면 고급요리도, 사회적 지위라는 것도 나에게는 의미가 없다.

먹는다는 것

저마다 다른 한 끼

"정신은 절대 몸의 요구에 굴복하지 않는다." 괴테

대부분 사회에서 식사는 사회적 신분을 드러내는 방식이다. '고급요리'를 논한다는 것은, 그만큼 진귀하고 값비싼 온갖 음식을 맛보고 비교해 볼 기회가 그 사람에게 있었다는 뜻이다. 이러한 다양한 선택의 기회를 누리지 못한 사람들은, 늘 같은 것을 먹고 살아 자연히 입맛도 별로 까다롭지 않다.

이와 별개로 또 어떤 이들은 자신의 도덕 기준을 따르느라 아주 적게 먹는다. 이들에게 음식은 생리적으로 필요해서뿐만 아니라 영적인 것과도 관련이 깊다.

먹는다는 것

"밥은 맛있고 / 하늘은 푸르다 / 눈부시게 푸르다" 다네다 산토카

식사 전 감사 기도를 한 후 진심으로 "맛있게 드세요!"를 외치거나 감사의 의미로 두 손을 모으는 것은, 우리가 누리는 풍요를 다시 한 번 깨닫는 행위다. 이것은 식사에 일종의 품위를 더해 주고, 이전과 이후에 이어질 행위를 구분 지음으로써 잠시 여유를 누리게 한다. 또한 우리를 위해 쏟아부은 다른 사람들의 시간과 수고에 대한 감사의 뜻을 가진다. 이것이야말로 아름답게 살기 위해 필요한, 중요한 삶의 태도다.

음식은 사회, 세계관에 따라 다르게 해석되기도 한다. 종교의 측면에서 보면 더더욱 그렇다. 어떤 종교는 금식을 요구하는가 하면, 어떤 종교는 진수성찬을 주장한다. 어떤 종교는 음식을 중요시하고, 어떤 종교는 무시한다. 하지만 모든 종교가 공통적으로 비난하는 한 가지가 있는데, 바로 폭식이다. 인간은 자신을 통제할 줄 알아야 한다. 어느 나라보다 음식 종류가 많고 맛도 다양한 인도에서 살면서도 간디는 음식에 탐닉하는 쾌락주의를 냉담하게 경계했다. "약을 먹듯 음식을 먹어야 한다. 즉, 맛이 좋고 나쁘고를 따지지 말아야 한다. 몸에 필요한 적절한 양만 섭취하면 된다. 맛을 더

내거나 변화시키기 위해서 혹은 밋밋한 맛을 없애려고 소금을 더 치는 것도 원칙에 어긋나는 일이다." 개신교도 축제나 연회를 금했다. 이렇게 먹는다는 것은 허기를 때운다는 본능 이상의 의미를 품고 있다.

마음도 먹어야 산다

건강 비법

우리는 자신이 겪은 일들(매일 오가는 길, 옷 입는 습관, 아침에 일어나 가장 먼저 하는 생각 등)에서 즐거움을 이끌어 내기 위해 노력한다. 잠재적인 행복을 감추고 있는 일상의 순간은 얼마든지 많다.

'약이 되는 음식'에 관한 한 거의 모두 전문가인 중국인들은 건강을 돌보기 위해선 이러해야 한다고 여겼다. 먼저 입맛을 다스리고, 마음의 근심을 금하고, 욕구를 자제하며, 감정을 다스린다. 몸의 활력에 주의를 기울이고, 말을 아끼고, 성공이나 실패를 가벼이 여긴다. 슬픔이나 어려움에 개의치 않으며, 무분별한 야망을 멀리한다. 너무 큰 사랑도 너무 큰 미움도 품지 않는다. 눈과 귀를 고요히 하고, 자기 내면의 규칙을 신뢰한다. 이렇게 마음과 영혼을 괴롭히고 어지럽히지 않는데 어찌 병에 걸리겠는가.

영혼의 양식

"한 입의 음식은 영혼에 생명을 불어넣는 물리적 수단이다. 왜냐하면 우리는 음식을 통해서 눈에 보이지 않는 것, 즉 건강과 활력과 마음의 평정을 위해 필요한 영양소들을 흡수하기 때문이다."
프렌티스 멀포드(미국 신사상운동의 선구자) 《프렌티스 멀포드의 수필 모음집》

어떤 이들에게는 빵과 토마토, 물이 진수성찬일 수 있다. 반면 어떤 이들은 한 시간이 멀다 하고 다음에 무엇을 먹을까 궁리한다. 이렇듯 먹는다는 것은 몸을 넘어선 무엇이다.

존 블로펠드(영국의 도교·중국 선불교 전문 번역가-옮긴이)가 《요가, 지혜에 이르는 문Yogas, Portes de la sagesse》에서 말한 것처럼, 도교 신도들의 식생활 제1원칙은 소박하게 먹는 것이었다. 그들은 강낭콩 즙과 익힌 채소 요리, 약간의 고기 혹은 생선에, 산에서 딴 버섯·죽순 등을 요리한 음식을 기본으로 삼았다. 특별히 금한 음식은 없지만, 수많은 현자가 중국 전통의학에 정통했던 것처럼 이 신도들도 영양이 풍부한 재료가 무엇인지 혹은 먹지 말아야 할 음식은 무엇인지 알고 있었다. 이들의 목표는 노년에도 청년에 버금가는 기백을 유지하며 완전한 건강을 누리는 것이었다. 이를 위해 정신을 예리하게 단련하는 데 힘썼는데, ‘영원’에 이를 준비가 되었을 때 오래된 누더기처럼 거추장스러운 육신을 벗어 버리기 위해서였다. 이런 이유로 모든 지나친 것을 철저히 피하고, 금욕적으로 생활했다.

우리도 이들처럼 음식에 대한 지나친 관심을 경계해야 한다. 그것은 서서히 생명을 앗아 가는 독소처럼 우리 몸과 마음을 병들게 한다.

은둔자 이야기

“나의 초능력이 어디에서 나오느냐고? 물에서 길어 올리고 나무에서 취한 것일세.” **앙리 브뤼넬《선 이야기》**

1989년 어느 날,《하늘 길La Route céleste》을 쓴 작가 빌 포터(미국인으로 타이완과 홍콩 등지에서 거주하며 도교·불교 등에 관해 연구하고 저술했다-옮긴이)는 한 중국인의 안내를 받게 되었다. 어떤 높은 산 정상 부근에 사는 여든다섯 살의 승려가 머무는 동굴을 방문하기 위해서였다. 마침 빌 포터는 현존하는 은둔자들을 찾아다니던 차였다. 그 승려는 산의 정령들이 자신들의 보호자가 되어 줄 것을 요청한 꿈을 꾼 뒤로, 1939년부터 그 산에서 머물기 시작했다. 동네 사람들과 제자들이 필요한 것들을 조금씩 가져다준 덕에 50년간 그대로 지낼 수 있었다. 그래서 빌 포터가 끊임없이 이야기하는 마오쩌둥의 이름조차 몰랐다. 빌 포터가 필요한 것이 무엇인지 물었을 때 승려는 이렇게 대답했다.

"많은 것이 필요치 않습니다. 약간의 밀가루와 기름, 소금이지요. 그리고 약 5년에 한 번씩 새로운 침구와 옷가지가 필요할 뿐입니다."

피터 매티슨

피터 매티슨(Peter Matthiessen)은 자연학자이자 소설가이며, 《파리 리뷰》의 공동 창간자다. 선불교 승려로도 수계를 받았다. 아내가 죽은 후 히말라야 산맥에서 약 400킬로미터 코스의 트레킹을 하기 위해 길을 나섰다. 그는 카규파(티베트 불교의 한 종파-옮긴이)의 셰이 곰파(티베트 라다크 지역에 있는 불교 사원-옮긴이)로 향했다. 그곳에 있으면 언젠가는 사람을 피해 다니는 표범을 눈 속에서 만나고, 그토록 찾아 헤맸던 정신적 스승도 만날 수 있으리라는 기대에서였다. 카일라스 산에서 한 달간 트레킹 하면서 먹은 음식은 소시지와 크래커, 커피가 전부였다. 바닥이 난 비축품은 설탕·초콜릿·치즈 통조림·땅콩버터·정어리였고, 이것이 거의 바닥났을 때는 아래 음식으로 버텼다고 한다.

쉰밥

통밀가루

렌즈콩

양파

감자 몇 개(버터를 바르지 않은)

그렇지만 매일매일 은총을 누렸다고 한다. 그리고 그때의 감상을 이렇게 남겼다.

저녁마다 들리는 다정한 시냇물 소리,

풀로 피운 모닥불에서 나는 향기,

심심하고 거친 음식,

그리고 한 번에 한 가지 일만 하는 것.

레이먼드 카버

시인이자 단편 소설가인 레이먼드 카버(Raymond Carver)는 흔히 미국의 체호프로 불린다. 그의 친구이자 동료인 시인 낸시 갤러거는 카버가 스스로 '카버의 법칙'이라고 불렀던 생활신조를 전해 주었다. "먼 미래를 위해 무언가를 담보해 두지 마라. 그 대신 하루하루 자신에게 있는 것을 최고로 활용하자"가 그것이다. 카버는 쉰 살에 암 진단을 받고 곧 죽게 되리라는 말도 듣는다. 이후 자신이 인생에서 바랐던 모든 것을 얻었는지 자신의 시에서 묻게 된다. 그리고 이렇게 대답했다. "그래, 나는 이 세상에서 사랑받았어." 그는 계속해서 글을 썼고, 계획을 세우고, 희망을 가졌다. 그가 죽은 뒤, 갤러거는 그의 셔츠 주머니에서 '장 볼 목록'을 발견했다.

달걀,

땅콩버터,

핫초코,

호주?

남극 대륙?

음식은 활력

지금 우리 삶은 점점 더 정신적인 것과는 멀어지고 있다. 온갖 걱정거리와 제약과 해야 할 일 등이 우리를 물질적 세계에 몰두하게 만든다. 그래서 인생이, 어깨에 짊어져야 할 무거운 짐으로 느껴진다. 사실 희망이나 이상, 존재의 욕구보다 의무가 더 위에 놓이면, 인생은 짐이 될 수밖에 없다. 이런 현실에서는 먹는 것이 상대적으로 덜 중요한 일로 치부된다. 하지만 음식은 몸에 '영혼의 비타민', 즉 마음을 즐겁게 해 주는 활력을 제공한다. 소화에서 비타민보다 더 큰 영향을 미치는 것이 바로 이 활력 아니겠는가.

몸과 마음을 씻기는 요리

쇼진요리[精進料理]는 육류, 어패류, 달걀 등을 사용하지 않는 채식 위주의 일본 사찰 음식이다. 신자들이 음식을 준비하고 먹는 과정에서 정신적으로 성장하게 하는 데 목적이 있다. 쇼진요리에 익숙해지려면, 선종 불교의 두 가지 기본 품성인 노력하는 자세와 자기 절제를 갖춰야 한다. 제철에 나는 재료를 선택하고, 각 재료에 따라 다양하게 조리하는 등 이 모든 과정을 통해 인생 전반을 돌아보고, 세상과 더 조화를 이루며, 자신과 완전한 합일을 이루는 것이다.

이는 단순함과 소박함(선종 사원에서는 재료의 껍질까지 사용된다)에 대한 진정한 훈련이며, 성스러운 행위다. 또한 평범한 것을 비범한 경험으로 만들어 그 속에서 분명한 즐거움을 이끌어 낼 수 있다. 이 훈련을 실천하는 과정에서는 하물며 무를 자르는 일조차 책을 읽거나 명상을 하는 것과 다르지 않다. 미학·도덕·윤리·건강·절약, 이 모든 것이 그 안에서 나온다.

원칙

쇼진요리의 원칙은 이렇다. 재료 품질을 중요시한다, 제철에 나는 재료를 써 음식을 만들되 그 음식들 색이 서로 조화를 이루게 한다, 재료를 가능한 한 버리지 않는다. 이 원칙은 일본 요리 전반에 영향을 미쳤다. 음식과 관련된 모든 것은 우리 생명만큼이나 중요시되어야 한다. 쇼진요리의 목적은 몸과 마음을 정화하는 데 있다. 그러기 위해 다섯 가지 법칙을 강조한다. 다섯 가지 조리법(끓이고, 굽고, 튀기고, 찌고, 졸이는)으로 요리하고, 다섯 가지 색(녹색, 노란색, 붉은색, 흰색, 검은색)을 띠게 하며, 다섯 가지 맛(짜고, 달고, 시고, 쓰고, 매운)을 내고, 다섯 가지 덕행(신뢰, 기억, 명상, 기력, 지혜)을 적용하는 것이 그것이다. 이 모든 것에 적절한 재료를 사고, 준비하고, 요리하고, 대접하고, 먹는 일이야말로 자신과 가족을 소중히 여기는 사람이라면 누구든 해야 할 일이다.

생활이 점점 편리해지면서, 우리는 점점 더 자연환경에서 멀어져 계절이 오가는 것에도 무디어지고 있다. 산꼭대기에서 불어오는 미풍과 따스한 햇볕을 차츰 잊어 가는 것이다. 하지만 나무의 연초록 잎과 막 피어난 꽃 한 송이 그리고 날아오르는 새를 바라보는 일에 특별한 주의가 필요한 것은 아니다. 결코 시간 낭비도 아니다. 오히려 다른 모든 행복의 바탕이 되는 건강을 되찾아, 삶이 '균형'을 이루게 된다.

마음도 먹어야 산다

"영적인 수행에서 가장 중요한 것은 음식이다. 언제, 어떻게, 왜 먹는지가 중요하다." 어느 불교 지도자

흔히 생각하는 것과 달리 몸에 영양을 공급하는 것만으로는 생명력을 유지할 수 없다. 영양분을 공급해 주어야 하는 것은 몸만이 아니다. 정신적인 활기도 불러일으켜야 한다. 질병은 정신적인 에너지의 쇠퇴를 뜻한다. 병에 걸릴까 하는

두려움이 흔히 정신적 장애를 불러일으키기도 한다.

　사람이 어느 날 갑자기 평정에 이르러, 건강과 장수를 누리게 되는 법은 없다. '스트레스'는 정신적인 혼란이 지나쳐 우리의 생명력을 파괴하고 흔드는 것을 의미하는데, '인생을 살찌우는 길'과는 정확히 반대되는 개념이다. 음식(더 큰 의미로는 식이요법)의 목적은 먼저, 생명의 잠재력을 발휘하고 보존할 수 있는 능력을 주는 데 있다.

　평정에 이르려면 온 세상의 일을 사사건건 걱정하는 것부터 그만두어야 한다. 모든 소란스러움이 평정으로 바뀔 수 있는 절대적 자유의 상태가 되어야 한다. 왜냐하면 인생을 보호하고 '살찌우는' 것은 바로 평정심이기 때문이다.

평정심

행복에 대한 집착이 문제

"지혜의 시작은 행복과 불행의 차이를 줄여 총체적으로 통합하는
것이다." 장자

행복을 추구하는 것은 에너지 낭비다. 일단 무언가를 추구
한다는 것은 그것을 갖기 위해 애를 쓴다는 의미이기 때문
이다. 인생은 (단순히 물질적 영역뿐 아니라 모든 영역에서) '소유'
에 대한 집착과 욕망에서 벗어나는 변화, 즉 성숙의 과정이
라 할 수 있다. 하지만 세상은 평정심의 정반대로 작용한다.
행복을 미끼로 우리가 도달할 수 없는 목표를 지나치게 추
구하도록 한다.

하지만 행복하기 위해서 꼭 필요한 마음의 평정을 얻으

려면, 그것을 목적으로 삼을 것이 아니라 오히려 평정을 얻어야 한다는 집착에서 벗어나야 한다. 마음이 무감각해지거나 굳어지지 않도록 가능한 한 민첩하고 활기찬 상태를 유지하고, 모든 중압감에서 벗어나 마음의 균형(음양의 조화)을 이루는 것이 중요하다. 그래서 동양인들은, 인생이나 자신이 이룬 성과에 의미를 부여하려는 일을 에너지 낭비로 여긴다.

에너지 낭비를 경계할 것

"어떤 은둔자들은 하루에 한 끼, 사흘에 한 끼, 심지어 일주일에 한 끼를 먹는다. 내적인 에너지를 품을수록 더 건강하고, 음식을 먹고 싶은 욕구도 줄어든다. 그들은 하루, 이틀, 일주일 혹은 몇 주 동안이고 명상을 할 수 있다." 빌 포터 《하늘 길》

고대 중국에서 기(氣, 숨 혹은 에너지)는 쌀밥에서 피어오르는 연기로 표현되었다. 모든 살아 있는 존재(식물, 동물, 사람)가 반드시 하는 게 있는데, 먹는 것이다. 그런 존재 중 인간만이 생각하고 지식을 얻기 위해 먹는 일을 등한시한다.

우리 몸과 마음과 정신을 건강하게 하고 싶다면 자연과

196

예술과 사랑이라는 에너지를 활용해라. 자연을 잘 관찰해 보면, 우리에게 유용한 수많은 가르침과 아름다움을 발견할 수 있다. 먹고 사는 일은 생명을 유지하고 건강을 지키는 데에 필수적일 뿐 아니라, 정신을 발전시키고 함양하는 일이기도 하다. 우리에게는 우리 존재를 책임지고 지켜야 할 사명이 있다. 이 사명을 다하려면 우리가 부여받은 생명의 잠재력을 유지하고 발현하기 위해 모든 노력을 기울여야 한다. 또한 모든 중압감과 독소로부터 육체를 정화하기 위해 모든 감각을 예리하게 단련해야 한다. 우리 삶을 송두리째 낭비하게 하는 일에 에너지가 손실되지 않도록 막아, 모든 '외부'의 부담감에서 벗어나야 한다.

그렇게 되면 우리는 충만한 생명력을 누릴 수 있다. 무엇보다 편안하게 쉬고, 활기차고 생기 있게 생활하여 지치지 않도록 노력하라. 모든 것, 심지어 과거나 미래의 것에서도 자유로워지는 경지에 이르면, 우리는 모든 혼돈을 평정의 상태로 바꿀 수 있다. 우리의 생명을 살릴 수 있는 것이 이 평정심이다. 성숙한 삶을 위해서는 생체적인 생명뿐 아니라, 우리의 감각과 정신에도 영양을 공급해야 한다. 이것이 우둔하고 무감각한 상태에서 벗어나 활기를 되찾고 더 높은 의식의 수준에 이르는 길이다.

좋은 것으로 적게 먹다 보면, 의식은 더욱 예리해지고 행동은 더 바르고 신중해지며 자연과 타인 그리고 자신을 더욱 존중하게 된다. 결과적으로 우리를 둘러싼 모든 것과 세상에 대한 시각도 바뀐다.

이런 변화를 위해 먼저, 음식을 이용할 줄 알아야 한다. 음식은 몸과 마음의 활력을 최상으로 되찾아 주고, 인생을 더 여유롭고 즐겁게 해 준다. 그동안 많은 사람이 음식을 금식이나 절식, 칼로리, 비만, 질병, 강박 행동, 스트레스, 내적 결핍 등의 동의어로 여겨 왔다. 이제 이런 현상은 사라져야 한다.

마지막으로, 좋은 것으로 적게 먹으며 행복하게 살고 싶어 하는 이들에게 중국 당나라 때 명의 손사막(孫思邈)의 말을 남긴다.

건강을 돌보고자 하는 이는 자신의 입맛을 다스리고, 마음의 근심을 금하고, 욕구를 자제하며, 감정을 다스리고, 몸의 활력에 주의를 기울이고, 말을 아끼고, 성공이나 실패를 가벼이 여기고, 슬픔이나 어려움에 개의치 않으며, 무분별한 야망을 멀리하고, 너무 큰 사랑도 너무 큰 미움도 품지 말고, 눈과 귀를 고요히 하며, 자기 내면의 규칙을 신뢰해야 한다. 자신의 마음을 괴롭히지 않고, 영혼을 어지럽히지도 않는 이들이 어찌 병에 걸리겠는가?

그러므로 자신을 있는 그대로 잘 가꾸고자 하는 사람들은, 배가 고플 때에만 밥을 먹고 그렇지 않을 때는 배부르게 먹지 말아야 하고, 목이 마를 때만 물을 마시고 그렇지 않을 때는 배부르게 마시지 말아야 한다.

음식은 적게 먹기도 해야 하지만 끼니 사이의 시간이 길어야 좋고, 너무 많이 먹거나 쉴 새 없이 계속 먹어서는 안 된다. 배가 고플 때 적은 양으로 먹고, 배가 아직 좀 덜 부르다 싶을 때 수저를 놓는 것이 가장 좋다. 양껏 먹으면 폐에 무리가 가고, 그렇다고 배를 곯게 되면 활력이 떨어진다.

쉽거나 이색적인 요리법

<u>채소 요리</u>

채소찜

- 솥에 2센티미터 정도 물을 붓고 채소를 찐다. 작은 체나 대나무 채반을 이용해도 좋다.

잎채소(시금치, 배추, 브로콜리 등) 조리법

- 채소 요리를 할 때 흔히 '웍(중국식 조리 팬-옮긴이)'을 사용하는 것이 가장 빠르고 좋다고 하지만, 웍은 너무 큰 데다 씻고 보관하기도 불편하다. 깊이가 적당한 작은 팬이면 충분하다. 중국인들은 아주 간단하고 몸에도 좋은 잎채소 조리법을 알고 있다. 아직 물기가 가시지 않은 잎채소를 예열된 기름에 마늘과 함께 '던져' 넣고 바로 뚜껑을 덮는 것이다. 그렇게 하면 채소가 뜨거운 기름에 겉만 살짝 데쳐져 비타민이 파괴되지 않기 때문이다. 근대, 시금치, 배추, 상추 등도 모두 이 방법으로 요리할 수 있다.

덩이줄기채소(감자, 돼지감자, 토란 등) 조리법

- 감자, 돼지감자, 토란 등 덩이줄기채소를 익히려면, 불에 올

리기 전에 찬물에 담가 두자. 그렇지 않으면 겉만 익는다! 포크로 찔러 잘 익었는지 확인해 보자. 감자는 껍질을 벗기지 않고 쓰거나, 약간의 버터, 생크림, 올리브 오일, 천일염 등과 함께 낼 수 있다. 블루치즈는 그 자체로 이러한 채소들을 고급요리로 만들어 준다.

남은 채소는 튀김으로!

* 요리한 후 채소들이 조금씩 남았다면 튀겨 먹자! 한 입 크기로 잘라, 달걀을 넣지 않은 차가운 튀김옷에 입혀 튀겨 내는 것이다. 파슬리 잎도 이렇게 요리하면 별미가 된다.

곡물 요리

퀴노아

* 퀴노아 1/3컵. 물 1/4컵.
* 기름을 약간 둘러 퀴노아를 노릇하게 익힌 후 물 1/4컵을 붓는다. 뚜껑을 덮고 약한 불에서 익힌다. 저으면서 3분 동안 끓이다가 아주 약한 불로 15분간 뭉근히 끓인다.

폴렌타

- 폴렌타 1/4컵, 버터 1테이블스푼, 간 파르메산 치즈 1테이블스푼, 다진 바질 1테이블스푼.

- 폴렌타에 물 1컵 정도를 넣고 10분간 끓인다. 버터, 파르메산 치즈, 바질을 넣는다. *폴렌타는 이탈리아산 옥수수 가루.

렌즈콩 요리

- 솥에 렌즈콩 부피의 3배 정도의 물을 붓고, 소금으로 간을 한다. 20분간 익힌다.

병아리콩과 강낭콩 요리

- 솥에 병아리콩이나 강낭콩 부피의 3배 정도의 물을 붓고, 하룻밤 재운다. 20분간 익힌다.

수프와 포타지

중국식 달걀탕

- 물 1컵에 부용 퀴브 1/2티스푼을 넣고 끓이다가 옥수수 가루 1티스푼을 넣어 섞는다. 달걀을 깨뜨려 넣고, 포크로 휘젓는다. 곱게 다진 향신초를 뿌려 장식한다.

고수 넣은 포타지

- 베이컨 조금과 얇게 썬 양파 1/4개를 작은 냄비에 넣어 익힌다. 여기에 물 1컵과 작게 깍둑썰기 한 감자 1/2개를 넣는다. 감자가 익으면, 고수를 조금 넣는다.

옥수수 혹은 강낭콩 수프

- 통조림에서 꺼낸 옥수수 알을 2/3 정도 믹서로 간다. 여기에 뜨거운 우유를 한 잔 붓고, 소금과 후추를 넣는다.

채소 벌루테

- 모든 벌루테의 기본 재료는 거의 비슷하다. 버터나 기름을 달궈진 팬에 두르고, 몇 가지 채소(배추, 양파, 감자, 파, 무, 당근, 피망, 아스파라거스, 버섯 등)를 넣어서 익힌다. 취향에 따라 (예를 들면 토마토 페이스트를 조금 넣고) 양념을 할 수 있다. 그다음 믹서로 간다. 더 부드럽게 만들려면, 생크림 1테이블스푼을 넣으면 된다. *벌루테는 채소, 고기, 생선, 달걀 등으로 만든 걸쭉한 수프.

게 수프

- 작은 게에 물 1컵을 붓고 통째로 삶는다. 게를 반으로 가른 다음 된장 한 술과 잘게 다진 파를 넣는다. 칠기 공기에 담아낸다.

된장 수프

- 된장, 두부(작게 썬 것), 생선맛 부용.

- 깍둑썰기 한 두부를 다른 두어 가지 재료(미역, 표고버섯, 양
  파 1/8개, 같은 크기로 자른 배추 1/8장 등을 취향에 따라 넣을 수
  있다)와 물 1컵, 된장 1티스푼을 넣어 끓인다. 더 풍미를 돋
  우기 위해, 생선맛 부용 분말을 넣어도 좋다. 끝으로 다진 파
  로 장식한다.

쥘리엔 수프

- 당근 1/4개, 감자 1/2개, 파 푸른 잎 1줄기.

- 강판에 당근과 감자를 간다. 물에 당근과 감자, 채 썬 파를 넣
  고 끓인다. 양념(소금, 후추, 버터 혹은 생크림)을 넣고 그대로
  먹으면 된다. *쥘리엔 수프는 여러 채소를 채 썰어 넣어 만든
  수프.

채식주의자를 위한 코코넛 카레 요리

- 녹색 카레 페이스트 1테이블스푼, 코코넛밀크 통조림 1/2컵,
  고구마 1/2컵 분량, 각종 채소 1/2컵 분량(브로콜리, 당근, 호
  박, 껍질콩 등).

- 녹색 카레 페이스트를 냄비에 넣고 1분 동안 저으면서 가열
  한다. 고구마와 코코넛밀크, 물 1/4컵을 넣고 뚜껑을 닫는

다. 고구마가 거의 다 익을 때까지 뭉근히 끓인다. 나머지 채
소들을 넣고 5분간 더 끓인다. 고구마가 거의 퓌레 상태가
되면, 다 된 것이다.

샐러드

새우 냉채 샐러드

• 작은 분홍새우 약 20마리, 잘게 썬 자몽 1/2개, 잘게 썬 아보
카도 1/2개, 화이트 프렌치드레싱(마요네즈 1티스푼과 우유를
섞은 것) 혹은 레몬 즙을 섞어 접시에 담는다.

새우 칵테일

• 마요네즈와 케첩을 섞어 새우와 함께 낸다.

바질을 넣은 토마토 타르타르

• 토마토 3개, 염교 1/2개, 바질 조금, 마늘, 소금, 후추.

• 토마토는 껍질을 벗기고 잘라 포크로 으깨어 작은 원반 모
양으로 만든다. 나머지 재료를 넣고 냉장고에서 2시간 정도
재운다.

감자를 곁들인 훈제 청어 샐러드

- 훈제된 청어(혹은 작은 송어) 조금과 익힌 감자, 얇게 저민 염교, 올리브 오일을 섞는다.

스파게티 냉샐러드

- 깍둑썰기를 한 햄, 동그랗게 썬 오이를 섞고 스파게티 면을 넣어 소스와 버무려 낸다. 소스는 기름, 발사믹 식초, 붉은색 파프리카 가루, 레몬 즙, 바질, 마늘, 소금, 후추를 넣어 만든다.

양배추 숙채 샐러드

- 양배추 몇 장을 끓는 물에 삶아 물기를 뺀다. 얇게 썰어, 소금·마요네즈·옥수수 통조림·햄과 섞어 아주 차갑게 해서 내놓는다.

'3색' 샐러드

- 햄, 셀러리 줄기, 사과를 깍둑썰기 한다. 호두와 화이트 프렌치드레싱을 넣어 맛을 낸다.

로크포르 치즈와 꽃상추 샐러드

- 얇게 썬 꽃상추에 호두와 소스를 뿌려 낸다. 소스는 으깬 로

크포르 치즈 1테이블스푼, 겨자, 올리브 오일, 레몬 즙으로 만

든다.

자몽과 셀러리 샐러드

- 셀러리 1/2줄기, 자몽 1/2개를 깍둑썰기 해 소스와 담는다.

  소스는 기름, 식초, 소금으로 만든다.

토마토를 곁들인 훈제 연어 샐러드

- 훈제 연어 슬라이스에, 얇게 썬 양파, 토마토 저민 것, 올리

  브 오일, 레몬 즙 약간을 곁들여 낸다.

렌즈콩이나 병아리콩 샐러드

- 렌즈콩이나 병아리콩을 얇게 저민 염교, 다진 파슬리, 프렌

  치드레싱과 함께 낸다.

쿠르 부용 생선 요리

- 끓는 쿠르 부용에 생선을 넣은 후 4, 5시간 동안 천천히 익힌

  다. 다 된 생선을 '레몬버터' 소스나 염교를 넣은 마요네즈와

  곁들여 낸다. *쿠르 부용은 식초에 백포도주, 향신료, 채소,

  물 등을 넣어 끓인 국물. 생선이나 고기를 삶는 데 쓰인다.

채끝살 샐러드

- 얇게 썬 채끝살 125그램을 익혀서 식힌다. 이것을 모듬 생채
  소 위에 얹고, 올리브 오일 약간, 레몬, 고수를 곁들여 낸다.

양배추 샐러드

- 양배추 1/10장을 아주 얇게 썰어 삶은 달걀, 옥수수 알, (경
  우에 따라) 쌀 등과 섞는다. 마요네즈 1/2테이블스푼과 요구
  르트 1/2테이블스푼을 섞은 드레싱을 얹어서 낸다.

감자 샐러드

- 삶은 감자는 대강 으깬다. 여기에 삶은 달걀 으깬 것, 얇게
  저민 오이 1/4개, 마요네즈 1/2테이블스푼, 우유나 요구르트
  1/2테이블스푼을 넣어 섞는다.

소스, 피클

생강 피클

- 아주 얇게 저민 생강 1/2테이블스푼을 삶다가, 쌀식초 3테이
  블스푼, 설탕 2테이블스푼, 소금 약간을 넣는다. 불을 끄고
  차게 식힌다. 물을 빼고, 냉장고에 며칠 동안 보관한다.

도시락이나 쌀밥과 잘 어울리는 피클

• 배추 한두 장을 얇게 썬다. 고추, 소금 약간과 함께 비닐 팩에 담는다. 반죽하듯 잘 주무른 다음, 2시간 동안 냉장고에 넣어 둔다.

훈제 연어, 참치, 오이를 위한 불가리아소스

• 요구르트, 레몬, 겨자를 섞는다.

로크포르 치즈 소스(꽃상추 샐러드용)

• 프로마지 블랑 1테이블스푼과 으깬 로크포르 치즈 1티스푼을 섞는다. 호두와 식초, 파 다진 것도 넣는다.

브라질소스

• 간장소스 2테이블스푼, 깐 마늘 한 쪽, 레몬 즙. 이 재료들을 섞어 하룻밤 재워 두면, 근사한 소스가 된다.

마늘버터

• 버터 녹인 것에, 으깬 마늘 1/2쪽, 레몬 즙 1/2티스푼, 다진 파슬리 약간을 넣는다.

양파 절임(스테이크용)

- 다진 양파 1개, 발사믹 식초 1테이블스푼, 황설탕 6테이블스푼, 올리브 오일 2테이블스푼.

- 양파를 올리브 오일에 볶다가 식초, 설탕을 넣고 젓는다. 잼처럼 점성이 생길 때까지 졸인다.

찐 감자용 소스

- 생크림 1/2테이블스푼, 크림치즈 1/2테이블스푼, 허브 1테이블스푼을 섞는다.

꿀 프렌치드레싱

- 꿀 2티스푼, 디종 겨자 1.5테이블스푼, 식초(화이트와인 식초 권장) 2테이블스푼, 올리브 오일 1/3컵을 섞는다. *디종 겨자는 일반 머스터드보다 부드럽고 톡 쏘는 맛도 있어 고급 드레싱을 만들 때 많이 쓰인다.

베샤멜소스

- 버터 1테이블스푼, 밀가루나 옥수수 가루 1테이블스푼, 우유 1컵.

- 약한 불에 녹인 버터를 옥수수 가루와 섞고, 우유를 천천히 부어 가며 젓는다. 2분간 끓인다.

쇠고기나 생선 구이를 위한 쿨리소스

- 채소(토마토, 브로콜리, 버섯, 껍질 벗긴 가지 등)를 익혀 믹서에 간다. 소금과 후추로 간을 한다. 마늘과 올리브 오일도 조금 넣는다. 옥수수 가루나 칡가루 1티스푼을 넣어 걸쭉하게 만든다. *쿨리는 조려서 체에 거른 소스.

호무스소스

- 병아리콩 150그램, 깐 마늘 1/2쪽, 레몬 즙 1테이블스푼, 참깨 페이스트 1테이블스푼.
- 모든 재료를 믹서에 갈거나 포크로 으깨어 섞는다. *호무스는 중동 지역의 대표적인 소스. 참깨, 올리브 오일, 병아리콩(대두로 대체 가능), 마늘, 레몬 즙, 물, 소금을 한꺼번에 넣고 갈아 만든다. 주로 빵에 찍어서 먹는다.

태국식 소스(엔젤헤어파스타, 채소 튀김 소스용)

- 설탕 1테이블스푼, 라임 1테이블스푼, 누옥맘 4테이블스푼, 얇게 썬 피망(선택 사항)을 섞는다.

배 와인 절임

- 반으로 자른 배에 적포도주 1/4병을 붓고 끓인다. 설탕과 계피를 조금 넣어도 된다.

금귤 과일 샐러드

- 반으로 자른 금귤 5개, 호두 조금, 반으로 가른 사향 포도 5알, 오렌지 주스 1/4을 섞는다.

사과·배 조림

- 작은 냄비에 사과 1/2개, 배 1/2개를 넣고 익힌다. 믹서로 갈거나 으깨어 계피로 향을 낸다.

말린 자두 조림

- 말린 자두 5개, 적포도주 30밀리리터, 설탕 1테이블스푼, 계피 1/4 조각.
- 재료들을 약한 불로 끓이다가 말린 자두를 넣고 다시 20분가량 끓인다.

세상에서 가장 쉬운 쿠키

• 땅콩버터 1/4컵, 가루설탕 1/4컵, 달걀 1/2개를 섞는다. 이것
  들을 뚜껑이 있는 팬에 넣고, 아주 약한 불로 양면을 익힌다.

초콜릿 입힌 배

• 다크 초콜릿 1조각, 생크림 50그램, 인스턴트커피 1/2티스
  푼.

• 커피에 초콜릿을 넣고 저으면서 녹인다. 익힌 배(끓는 물에
  2분간 담근 배. 배는 껍질을 깎고 조각을 낸 다음 씨도 뺀 상태)에
  붓는다.

오렌지 주스에 담근 복숭아

• 끓는 물로 복숭아를 살짝 익힌다. 식혀서 껍질을 벗긴 다음
  (분홍색으로 변한다) 반으로 가른다. 오렌지 주스를 붓고, 잘
  게 썬 민트 잎을 얹어서 담는다.

바나나 플랑베

• 바나나를 적당한 길이로 자른다. 기름을 두른 팬에 바나나
  를 넣고 설탕을 흩뿌린다. 뒤집어서 럼주를 붓고 불로 그을
  린다. *플랑베는 브랜디, 럼 등을 뿌려 불을 붙여 그을리는
  요리법.

타르트 타탱

- 사과를 1센티미터 두께로 얇게 저민다. 냄비에 설탕 2테이블 스푼을 넣고 녹인다. 거품이 일어나면, 버터 2테이블스푼을 넣고 사과 저민 것을 넣는다. 가끔 저어 주면서, 약한 불에서 15분가량 익힌다. *타르트 타탱은 프랑스식 사과 파이.

레드베리 크리스마스 푸딩

- 생베리류(씨를 제거한 체리, 레드커런트, 라즈베리, 블랙커런트, 블루베리 등) 150그램에 물을 자박하게 붓고 끓인다. 물을 약간 넣어 갠 옥수수 가루 1/2티스푼과 가루설탕 1테이블스푼을 넣는다. 액체가 방울방울 떨어질 정도의 점성이 되면 불을 끈다. 생크림이나 아이스크림 한 스푼과 함께 담아낸다. 잘게 썬 민트 잎으로 장식한다.

별미 음식

송아지고기 포피에트

- 얇게 썬 햄에 삶은 달걀을 만다. 이것을 바욘햄(프랑스 바욘 지방을 대표하는 고급 햄. 돼지 뒷다리에 소금을 쳐 10~12개월 숙성해 만든다)에 말고, 또 이것을 아주 얇은 송아지고기 슬라

이스에 만다. 끈으로 묶은 후 기름을 약간 둘러 노릇하게 익힌다. 솥 바닥에 물을 아주 조금 붓고 40분가량 졸인다. 원할 경우, 버섯이나 다른 채소를 더 넣을 수 있다. *포피에트는 채소로 속을 채운 둥글게 만 고기 요리.

눈 오는 날 먹으면 좋은 국물 음식

- 병아리콩 1/4컵, 물 1컵, 부용 퀴브 한 줌, 다진 양파 1/4개, 훈제 햄 한 조각, 당근 1/2개, 셀러리 1/2줄기.
- 당근과 셀러리를 제외한 모든 재료를 함께 넣고 약한 불에서 40분간 익힌다. 햄을 잘게 부스러뜨린 다음, 당근과 셀러리를 넣는다. 다시 30분가량 약한 불로 익힌다. 크래커나 밀기울빵 한 조각과 함께 먹는다.

돼지고기 조림

- 냄비에 설탕 1/4컵을 넣고 끓인다. 갈색이 되려고 할 때, 깍둑썰기 한 싱싱한 돼지고기 가슴살 100그램을 넣고 잘 섞어준다. 물을 붓고 삶은 달걀 2개를 넣는다. 간장소스 조금과 붓순나무 열매, 다진 생강을 넣어 맛을 낸다. 뜨겁게 혹은 차게 식혀 밥 위에 얹어 먹는다. 며칠 동안 보관이 가능하며, 도시락 반찬으로도 좋다.

돼지갈비 요리

- 버섯크림수프 통조림 100그램, 완두콩 통조림 80그램, 얇게 썬 양파 조금. 모든 재료를 솥에 넣고 45분간 익힌다.

토마토소스 돼지고기 요리

- 돼지갈비를 솥에 넣고 삶는다. 마늘과 통조림 토마토를 두세 통 넣은 뒤, 2시간 30분 동안 약한 불로 끓인다. 먹기 전에 크림을 넣고 센 불에서 진하게 끓여 낸다.

쇠고기 카레 요리

- 솥에 쇠고기를 조금 넣고 볶다가 소금과 후추로 간을 하고 물을 붓는다. 병아리콩 1/2컵과 깍둑썰기 한 밤호박 1/2컵 분량을 넣는다. 카레 가루를 조금 타서 잘 섞는다. 40분간 약한 불로 끓인다.

쇠고기 부용

- 쇠고기 육수용 뼈, 부케 가르니, 얇게 저민 양파 1개, 깍둑썰기 한 채소 1/2컵 분량(당근, 셀러리 등).
- 재료를 모두 넣고 뼈에서 고기가 떨어져 나올 정도로 익힌다. 국물을 체로 걸러 낸다. *부케 가르니는 파슬리, 백리향 잎, 월계수 잎 등의 향초를 작은 다발로 묶은 것.

레몬버터 넣은 오징어 요리

- 동그랗게 썬 오징어 80그램에 레몬버터, 소금, 후추 등을 넣
  어 익힌다. 파슬리를 뿌려 담아낸다.

중국 광저우식 볶음밥

- 팬에 양파 1/2개를 볶는다. 스크램블 에그를 만들어서 따로
  둔다. '식은 밥'(24시간 이내에 얼려 둔 밥) 1컵을 데워 나머지
  재료들과 함께 섞는다. 소금과 후추로 간을 한다.

다진 쇠고기 오믈렛

- 다진 쇠고기와 달걀 푼 물을 섞는다. 소금과 후추로 간을 한
  후, 팬에 익혀 먹는다.

겨자소스 스테이크

- 스테이크나 햄버그스테이크를 기름으로 굽는 대신, 통겨자
  1테이블스푼을 넣고 익힌다. 좀 더 일찍 이 방법을 알지 못
  했던 것이 후회될 정도로, 아주 맛이 있다!

감자 갈레트

- 강판에 감자를 굵게 간다. 소금, 후추로 간을 한 후 팬에 넣
  어 크레이프처럼 굽는다.

정어리 구이

- 정어리는 내장을 빼고 반으로 갈라 납작하게 만든다. 옥수수 가루를 입혀 튀긴다. 소스(간장, 사케, 설탕)에 담근다. 밥 위에 얹고 볶은 깨와 김 가루를 뿌려 담아낸다.

베이컨 아스파라거스 꼬치

- 아스파라거스 두 줄기를 삶아 각각 3등분한다. 반으로 자른 얇은 베이컨 조각으로 아스파라거스를 돌돌 만다. 나무 이쑤시개에 꽂아 노릇하게 익힌다.

빵가루 묻힌 생선살 구이

- 생선살 1조각(물기를 제거하고 소금, 후추로 간을 한다), 빵가루 1테이블스푼(묵은 빵을 강판에 갈거나, 약간의 밀가루와 섞은 굵은 폴렌타 1테이블스푼).
- 빵가루를 입힌 생선살을 중간 불로 굽는다. 레몬 즙, 토마토소스 혹은 바질 페이스트 등으로 맛을 낸다.

파·버섯볶음

- 기름 두른 팬에 얇게 썬 양송이 버섯을 넣어 볶는다. 이때 파의 흰 대도 조금 넣는다. 더 부드러운 맛을 원한다면, 요구르트를 하나 넣어도 좋다.

구운 연어 요리

- 생물 연어 120그램을 뒤집지 않고 아래쪽만 익힌다. 레몬과 굵은 소금, 올리브 오일을 조금 뿌린다. 찐 파에 프렌치드레 싱을 뿌려 함께 낸다.

호박 오믈렛

- 호박 1/2개를 강판에 갈아 달걀과 섞는다. 팬에 굽는다.

다진 고기와 으깬 감자 갈레트

- 쇠고기와 으깬 감자, 얇게 썬 양파 1/2개를 섞는다. 팬에 굽는 다.

엔젤헤어파스타를 넣은 쇠고기 오믈렛

- 엔젤헤어파스타 한 줌을 뜨거운 물에 담갔다가 건져 낸다. 30분 뒤에 2센티미터 길이로 잘라 달걀 푼 물, 다진 쇠고기 와 섞는다. 누옥맘 약간과 소금, 설탕을 넣어 맛을 내고, 팬 에 부어 양면을 익힌다.

달걀흰자 시금치 오믈렛

- 달걀흰자는 풀어서 익혀 따로 둔다. 시금치는 소금, 후추로 간 을 한 뒤 살짝 익힌다. 시금치에 달걀흰자를 얹어 담아낸다.

라타투이

* 양파 1/2개를 살짝 익힌다. 여기에 토마토를 얇게 저며 넣고, 길쭉한 호박 1/4개(혹은 오이)도 둥글게 썰어 넣는다. 마늘, 소금, 후추, 파르메산 치즈 간 것을 넣어 맛을 낸다.

간식

빵, 올리브 오일, 파르메산 치즈

* 올리브 오일 2테이블스푼, 소금, 후추, 강판에 간 파르메산 치즈 2테이블스푼을 작은 오븐 용기에 담아낸다. 작은 빵 조각을 찍어 먹는다. 샴페인 한 잔에 어울리는 전채 요리로 손색이 없다.

파르메산 치즈를 뿌린 훈제 햄

* 훈제 햄에 기름 약간을 넣어 버무린다. 파르메산 치즈 부스러기를 흩뿌린다.

소시지 한 개, 양배추 한 장, 감자 한 개

* 물 한 컵에 양배추 한 장과 소시지 한 개를 넣고 끓인다. 4분간 끓인 뒤 물기를 뺀다. 찐 감자와 겨자 조금을 곁들여 낸

다. 여기에 맛있는 맥주 한 잔이 있다면, 천국이 따로 없다!

연어 알밥

- 뜨거운 쌀밥 한 공기에 싱싱한 연어 알 2테이블스푼을 얹고, 가늘게 자른 김을 뿌린다.

달팽이 요리

- 달팽이 100그램을 헹군다. 작은 냄비에 달팽이, 생크림, 마늘, 파슬리를 넣고 익힌다. 바게트와 담아낸다.

샌드위치

영국식 샌드위치

- 검정 호밀빵, 오이, 크림치즈 혹은 훈제 연어(6×6센티미터).

채 썬 당근과 냉육 피타빵

- 피타빵 사이에 채 썬 당근, 삶은 달걀 으깬 것, 마요네즈, 냉육 한 조각을 잘게 썰어 넣는다.

연어 피타빵

- 피타빵, 훈제 연어 조금, 진한 생크림, 크레송.

- 피타빵 사이에 3가지 재료를 넣어 속을 채운다. *크레송은
  일년생 허브인 물냉이. 육류 요리에 자주 쓰인다.

연어 피타빵

- 피타빵, 훈제 연어 조금, 진한 생크림, 크레송.

- 피타빵 사이에 3가지 재료를 넣어 속을 채운다. *크레송은
  일년생 허브인 물냉이. 육류 요리에 자주 쓰인다.

옮긴이 임영신

경북대학교 불문학과 졸업. 서울여자대학교 대학원 영문학과에서 번역학을 전공했다. 현재 번역 에이전시 엔터스코리아에서 출판기획 및 불어 전문 번역가로 활동하고 있다. 옮긴 책으로는 《도미니크 로로의 심플한 정리법》, 《다라야의 지하 비밀 도서관》 등이 있다.

심플하게 산다 2

초판 1쇄 발행 2014년 3월 14일
개정판 1쇄 발행 2017년 1월 25일
개정2판 1쇄 발행 2026년 3월 13일

지은이 도미니크 로로
옮긴이 임영신

펴낸곳 (주)바다출판사
주소 서울시 서대문구 신촌로3길 15 6층
전화 02 - 322 - 3675(편집) 02 - 322 - 3575(마케팅)
팩스 02 - 322 - 3858
이메일 badabooks@daum.net
홈페이지 www.badabooks.co.kr

ISBN 979-11-6689-396-4 13320